LAURENCE KING

Laurence King Verlag GmbH
Jablonskistr. 27, 10405 Berlin
www.laurencekingverlag.de

Erschienen in Großbritannien 2024 unter
dem Titel *Dinopedia* bei Laurence King Publishing.

Fachliche Beratung: Dr. Chris Barker
Übersetzung: Sarah Pasquay

ISBN: 978-3-96244-391-7

Hergestellt in China, 1. Auflage Juli 2024

FSC www.fsc.org
MIX
Papier | Fördert gute Waldnutzung
FSC® C008047

Laurence King Publishing
ein Imprint der Hachette Children´s Group
Part of Hodder and Stoughton
Carmelite House, 50 Victoria Embankment, London EC4Y 0DZ

ein Unternehmen von Hachette UK
www.hachette.co.uk
www.hachettechildrens.co.uk
www.laurenceking.com

DINOPEDIA

Die Welt der PRÄHISTORISCHEN WESEN

Tom Jackson
Good Wives and Warriors

INHALT

DIE KREIDE, DAS ZEITALTER DER MONSTREN

DIE HEUTIGE ZEIT, NACH DEN DINOSAURIERN

DIE PRÄHISTORISCHE WELT

Einst wurde die Welt von „schrecklichen Echsen“ beherrscht. Das klingt wie ausgedacht, aber diese gigantischen Reptilien findest du in keinem Märchen. Denn sie haben tatsächlich existiert. Das Wort „Dinosaurier“ bedeutet „schreckliche Echse“, und wir wissen von ihnen, weil sich ihre Knochen und andere Gewebeteile über Millionen von Jahren im Erdgestein als Fossilien erhalten haben. Diese Fossilien verraten uns eine Menge darüber, wie Dinosaurier gelebt haben und wie sie aussahen. Manche, wie *Argentinosaurus* und *Brachiosaurus*, waren riesige, schwerfällige Pflanzenfresser, die größer wurden als ein Haus. Andere dagegen, wie *Allosaurus* und *Velociraptor*, waren geschickte Jäger, die ihre Beute packten und aufschlitzten.

Die Dinosaurier waren nicht die einzigen furchterregenden Wesen, die vor langer Zeit lebten. Die prähistorische Welt brachte eine ganze Reihe faszinierender Kreaturen hervor. Eine Reptiliengruppe, die Pterosaurier, bildeten Flügel aus und erhoben sich in die Lüfte. Eine andere Gruppe, die sogenannten Ichthyosaurier, entwickelten fischähnliche Körper und verbrachten ihr gesamtes Leben im Meer. Es gab auch Verwandte der Frösche, die wie Krokodile aussahen, sowie riesige Schlangen und monströse Vögel. Sogar frühe Vorfahren von Säugetieren wie Katzen, Hunden und uns Menschen lebten damals bereits auf der Erde.

Mithilfe dieser Enzyklopädie werden wir durch die Zeit reisen und die unglaublichen Wesen der Vergangenheit und ihre faszinierenden Geschichten entdecken. Lies weiter, um mehr darüber herauszufinden …

PANGAEA

DAS PALÄOZOIKUM

VOR DEN DINOSAURIERN

Schon lange vor den Dinosauriern gab es Leben auf der Erde. Im Zeitalter des Paläozoikums kam es zu einer raschen Zunahme von Pflanzen und Tieren. Auf der Erde gab es damals einen einzigen riesigen, trockenen Superkontinent namens Pangäa, der für seine Bewohner neue Lebensräume und Herausforderungen bereithielt …

TIKTAALIK

Ein „gehender" Fisch

Das Leben entwickelte sich zunächst im Meer, und erst nach und nach wagten sich die ersten Lebewesen an Land. Die ältesten Spuren tierischer Aktivität auf dem Land reichen 450 Millionen Jahre zurück. Wirbeltiere (Tiere mit einer Wirbelsäule) mussten enorme Veränderungen durchlaufen, um sich an das Leben außerhalb des Wassers anzupassen, unter anderem mussten sie ihre Flossen gegen Gliedmaßen austauschen. Als Beispiel für diese bedeutende Veränderung schauen wir uns *Tiktaalik* an.

Tiktaalik war ein relativ großer Fisch – er wurde knapp 3 m lang (also doppelt so lang wie eine Badewanne). Das Besondere an diesem Fisch sind bestimmte Merkmale, die zeigen, dass die Anpassung an das Leben auf dem Land bereits weit fortgeschritten war. *Tiktaalik* besaß nicht nur Vorderflossen mit Armknochen, sondern auch eine breitere Brust und ein größeres, kräftigeres Becken als frühere Fische und kann somit als Beweis für eine aktive Evolution dienen. Er scheint sogar wie eine Kreuzung aus einem Fisch und einem an Land lebenden Tetrapoden gejagt zu haben, indem er seine Beute durch Beißen und Saugen erlegte.

Tiktaalik lauerte in flachen Bächen und anderen Gewässern und nutzte seine fleischigen Flossen, um über den Boden zu laufen und sich in der Strömung festzuhalten. Möglicherweise lebte *Tiktaalik* sogar über kürzere Zeiträume im Schlick, wenn er nach tieferen Gewässern oder Nahrungsquellen in anderen Flüssen suchte. Dabei nutzte er eine frühe Form der Lunge, um aus der Luft Sauerstoff zu gewinnen. Innerhalb von 50 Millionen Jahren gelang den Nachfahren von *Tiktaalik* der große Schritt hin zu echten Landtieren.

HYLONOMUS

Ein frühes Reptil

Hylonomus lebte vor etwa 314 Millionen Jahren. Damals war das Land zu großen Teilen von riesigen Bäumen bedeckt. Sie bildeten dichte, feuchte Wälder, in denen zahlreiche gigantische Insekten lebten. Alle diese riesigen neuen Pflanzen gaben beim Wachsen zusätzlichen Sauerstoff in die Atmosphäre ab, und dank dieser sauerstoffreichen Luft wuchsen die Insekten zu größeren Tieren heran als heute. Einige Verwandte der Libelle wurden so groß wie Kühe! Diese Wälder waren jedoch nicht wie unsere heutigen Wälder. Sie bestanden aus einer Reihe großer Pflanzen mit zum Teil schuppigen Stämmen, die bis zu 50 m hoch werden konnten. *Hylonomus* scheint in den verrottenden Stümpfen dieser Pflanzen ein Zuhause gefunden zu haben. Mit seinen 20 cm Körperlänge war er zu klein, um die riesigen Insekten zu fangen. Daher jagte er vermutlich kleine Käfer, die er mit seinem mit spitzen Zähnen besetzten Maul schnappte.

Hylonomus legte wahrscheinlich Eier mit wasserdichter Schale, aus denen statt Kaulquappen voll ausgebildete Junge schlüpften. Genauso brüten moderne Reptilien. Die größte Besonderheit von *Hylonomus* sehen Fossilienexpert*innen darin, dass sein Skelett dem der heutigen Eidechsen und Schlangen ähnelte und er eine trockene, schuppige Haut hatte. Die früheren Tetrapoden waren Amphibien. *Hylonomus* dagegen war eindeutig ein reptilienartiges Tier – einer der frühesten uns bekannten Vertreter dieser Art.

PRIONOSUCHUS

Eine Killer-Amphibie

Dieses riesige Wasserwesen sah aus wie ein Krokodil, ist aber eher mit einer Kröte oder einem Salamander verwandt. Dennoch war es ein Killer. *Prionosuchus* konnte, einschließlich seines abgeflachten, ruderartigen Schwanzes, mehr als 5,50 m lang werden. Sein riesiger Schädel bestand zum größten Teil aus einem langen, schmalen Kiefer, der mit kleinen, scharfen Zähnen besetzt war.

Es gibt heute lebende Tiere, die ebenso lange Schnauzen haben wie *Prionosuchus*, etwa der Flussdelfin oder der Gangesgavial. Diese modernen Wassertiere ernähren sich hauptsächlich von Fisch. Sie fangen ihre Beute, indem sie mit ihrer langen, schmalen Schnauze durchs Wasser pflügen und nach Fischen schnappen. Die Form der Schnauze ist insofern wichtig, als sich ein schmaler Kiefer leichter durchs Wasser bewegen lässt und schneller zupacken kann. Wenn die Tiere ihre kurzen Zähne erst in ihre glitschigen Opfer geschlagen haben, können sich diese nicht mehr loswinden. Die zahnreiche Schnauze des *Prionosuchus* verrät uns, dass er vor etwa 275 Millionen Jahren wahrscheinlich in Flüssen und Seen gelebt und sich von Fischen ernährt hat. Dass sowohl *Prionosuchus* als auch Flussdelfine und Gangesgaviale diese lange Schnauze haben, liegt übrigens nicht daran, dass sie eng miteinander verwandt sind. Sie haben dieses Merkmal unabhängig voneinander aufgrund ihrer ähnlichen Lebensweise entwickelt, um Fische erbeuten zu können.

Prionosuchus hatte sehr kurze Beine und verbrachte daher wohl sein gesamtes Leben im Wasser. Nach und nach wurden die großen Raub-Amphibien von robusteren, wendigeren Reptilienjägern abgelöst. Schlechte Nachrichten für *Prionosuchus*!

DIMETRODON

Ein Raubtier mit Rückensegel

Dimetrodon kann leicht mit einem Dinosaurier verwechselt werden, aber als sich die ersten Dinosaurier entwickelten, war dieser wilde Räuber seit mindestens 30 Millionen Jahren ausgestorben. *Dimetrodon* war nicht mal ein Reptil, sondern gehörte einer Gruppe von Tieren namens Synapsiden an und ist tatsächlich ein früher Verwandter der Säugetiere. Dass es näher mit uns Menschen als mit den Dinosauriern verwandt ist, schließen Expert*innen aus bestimmten Merkmalen seines Schädels: Reptilien wie Dinosaurier haben zwei paarweise angeordnete Schädelfenster hinter den Augenhöhlen, während Synapsiden wie *Dimetrodon* und wir Menschen nur eines haben.

Uns sind mehrere *Dimetrodon*-Arten bekannt. Im Laufe der Zeit wurden sie immer größer und erreichten teilweise knapp 5 m Länge. Mit zunehmender Größe veränderten sich auch ihre Zähne: Die ältesten, kleineren Arten hatten einfache, spitz zulaufende Zähne, während die Zähne der jüngeren, größeren Arten gezackte Kanten besaßen, die an ein Sägeblatt erinnerten. Dies bedeutet möglicherweise, dass *Dimetrodon* im Laufe seiner Entwicklung zunehmend größere Beutetiere jagte.

Das Auffälligste an *Dimetrodon* war das Hautsegel, das sich zwischen hohen, aus dem Rückgrat aufragenden Stacheln spannte. Die Expert*innen sind sich noch immer nicht sicher, welche Funktion es erfüllte. Vielleicht war das Segel auch bunt gefärbt und diente dazu, Partner anzulocken, wie bei einem Pfau, der seine Schwanzfedern aufstellt. Das muss ein toller Anblick gewesen sein, wenn die Sonne über dem Sumpf aufging!

DAS GROSSE STERBEN

Der Übergang von einer geologischen Epoche zur nächsten ist stets durch ein großes Ereignis gekennzeichnet. Was genau geschehen ist, können wir herausfinden, wenn wir uns alte Gesteinsschichten tief unter der Erdoberfläche ansehen.

Vor rund 252 Millionen Jahren, zwischen dem Perm und der Trias, kam es zu einem Ereignis, das wir als das Große Sterben bezeichnen – du kannst dir sicher denken, was da passiert ist! Es war das schlimmste Massenaussterben aller Zeiten. 90 % allen Lebens auf der Erde verschwand. Am schlimmsten betroffen war der Ozean, in dem nur etwa eine von 20 Arten überlebte. Auf dem Land wurden etwa sieben von zehn Wirbeltierfamilien ausgelöscht. Sogar erfolgreiche Tiergruppen starben aus.

Was verursachte diese Katastrophe? Ein sehr bedeutender Auslöser waren eine Reihe von gewaltigen Vulkanausbrüchen. Der Sibirische Trapp, der im heutigen Russland liegt, ist eine riesige Region mit vulkanischem Gestein, das eine 5–7 Millionen km^2 große Fläche bedeckt (das entspricht etwa drei Viertel der Größe von China). Die Vulkanausbrüche hier verliefen in Phasen: Zunächst wirkten sie sich auf das Leben an Land aus, und in einer zweiten Phase sorgten sie für ein Massensterben im Meer. Diese Eruptionen dauerten vermutlich 300.000 bis 400.000 Jahre an.

Methangas, das in die Luft strömt

Sie führten zu vielerlei Problemen, auch wenn noch immer unklar ist, ob dies die Hauptursache für das Aussterben so vieler Tiere war. Riesige Mengen Treibhausgase wie Kohlendioxid und Methan wurden in die Atmosphäre freigesetzt, wodurch sich das Klima rasch veränderte und die Welt sich erwärmte. Meeresorganismen hatten Mühe, mit diesen neuen Temperaturen zurechtzukommen. In dem wärmeren Wasser reduzierte sich nicht nur die Menge des verfügbaren Sauerstoffs. Das Wasser wurde gleichzeitig auch saurer. Bei Eruptionen werden außerdem verschiedene Metalle freigesetzt, die die Meeresumwelt vergiften und den Tieren im Meer sehr schaden können.

An Land waren die Auswirkungen der Vulkanausbrüche möglicherweise rund eine Million Jahre lang zu spüren. Durch zunehmende Dürren und Waldbrände wurden Teile des Landes in Asche gelegt, und die Tiere versuchten, sich vom heißen Äquator zu entfernen. Die Gase, die bei den Eruptionen freigesetzt wurden, wirkten sich auch auf die Atmosphäre und die Ozonschicht aus. Einige Gase vermischten sich mit Wasser und erzeugten sauren Regen, der für die Umwelt sehr schädlich ist. Andere griffen die Schutzfunktion der Ozonschicht an, wodurch mehr schädliche Strahlung der Sonne auf die Erde gelangte. Dies hatte zur Folge, dass sich die Pflanzen weniger vermehrten und die Pflanzenfresser dadurch weniger Nahrung hatten.

Das Leben auf der Erde endete nicht – aber es dauerte rund 10 Millionen Jahre, bis es sich erholte und in der Trias stabile Ökosysteme entstanden. In dieser neuen Welt entwickelten sich einige sehr bemerkenswerte Wesen. Eine sehr wichtige Rolle spielten dabei die Archosaurier, eine Gruppe Reptilien, zu denen einige der erfolgreichsten Landtiere gehören, die je gelebt haben: die Dinosaurier.

LAURASIA
GONDWANA

DIE TRIAS

DER AUFSTIEG DER DINOSAURIER

Am Ende der Trias zerbrach Pangäa in zwei Kontinente: Laurasia im Norden und Gondwana im Süden. Das Klima wurde etwas feuchter, sodass es wieder mehr Wälder und Pflanzen gab. In dieser Zeit entwickelten sich die ersten Dinosaurier wie zum Beispiel der wendige, leichtfüßige *Coelophysis*.

LYSTROSAURUS

Die neue Welt erkunden

Zu Beginn der Trias vor 252 Millionen Jahren war nicht viel Leben übrig. Doch die leere Welt bot Chancen für zähe Überlebenskünstler. Einer von ihnen hatte eine einfache Superkraft, mit der er das Große Sterben überlebt hatte: Er konnte gut graben. Der größte *Lystrosaurus* war so groß wie ein Schwein und nutzte seine kräftigen Stoßzähne, um nach Nahrung zu graben, unterirdische Schutzhöhlen zu bauen und dort abzuwarten, bis die schlimmste Phase des sich radikal verändernden Klimas in diesen unsicheren Zeiten vorbei war.

Es gibt verschiedene Theorien, aufgrund welcher anderen Anpassungen *Lystrosaurus* in der Lage gewesen sein könnte, das Große Sterben zu überleben. Eine Möglichkeit, sich vor dem extremen Klima zu schützen, bestand darin, ein Loch zu graben, in dem er sich verstecken konnte. Forschungen zeigen außerdem, dass *Lystrosaurus* möglicherweise Winterschlaf hielt. Das war sehr hilfreich, denn es bedeutete, dass *Lystrosaurus* im äußersten Süden Pangäas (wo heute die Antarktis ist) leben konnte, einem Gebiet, das offenbar nicht so stark vom Großen Sterben betroffen war. Die Winter werden trotzdem kalt gewesen sein, und die Fähigkeit, harte Zeiten einfach zu verschlafen, hat ihm vielleicht geholfen zu überleben.

Auch als sich die Erde vom Großen Sterben wieder erholte, waren diese robusten Überlebenskünstler sehr erfolgreich. In der sehr frühen Trias stellte diese Art mancherorts mehr als 70 % aller Landwirbeltiere, und ihre Überreste wurden auf mehreren Kontinenten gefunden, darunter Afrika und Asien (die damals noch zusammengehörten). Mehr als 3.000 Exemplare befinden sich derzeit in Museen.

POSTOSUCHUS

Ein riesiger Landjäger

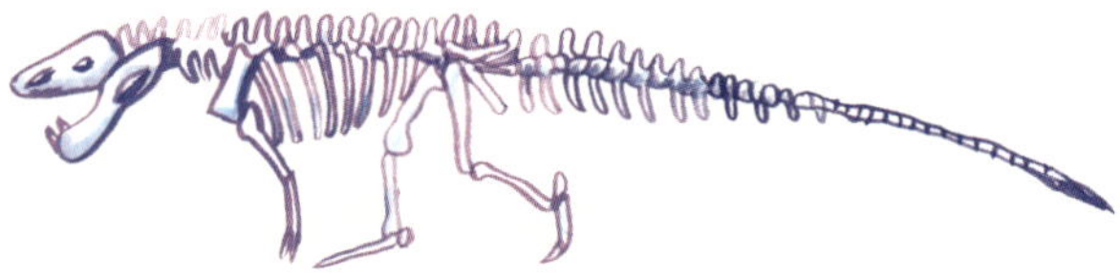

Nach dem Großen Sterben an der Grenze vom Perm zur Trias wurde eine Gruppe von Reptilien schnell erfolgreich. Archosaurier, die „herrschenden Reptilien", entwickelten sich zu einer Reihe neuer Arten. Man unterscheidet zwei Hauptgruppen der Archosaurier: Zu der einen zählen die Krokodile und ihre Vorfahren, aus der anderen entwickelten sich Pterosaurier, Dinosaurier und Vögel.

Einige Archosaurier wuchsen zu gigantischen fleischfressenden Landtieren heran. Zu ihnen zählt *Postosuchus*, ein Verwandter der heutigen Krokodile. Mit einer Körperlänge von knapp 6 m machte er Jagd auf alle möglichen Tiere, darunter auch große Pflanzenfresser, die er durch Bisse mit seinem gewaltigen, kräftigen Kiefer tötete.

Wie sich *Postosuchus* fortbewegte, ist noch immer nicht ganz klar. Die kürzeren Arme könnten darauf hindeuten, dass er auf seinen Hinterbeinen lief und sein dicker Schwanz ihm als Gegengewicht zu seinem massigen Kopf diente. *Postosuchus* hatte Knochenplatten in seiner Haut, die ihn bei Kämpfen schützten. Dennoch war er vor Angriffen nicht gänzlich sicher. Fossile Beinknochen eines *Postosuchus*-ähnlichen Jägers weisen Bisspuren eines großen Tieres auf – vermutlich eines *Phytosauriers*, ein Flussräuber, der doppelt so groß werden konnte wie *Postosuchus*. Sie sind ein seltener Beweis für Zusammenstöße zwischen einigen der größten Räuber der Trias am Rande des Wassers. Selbst ein „herrschendes Reptil" wie *Postosuchus* musste es mit noch wilderen Jägern aufnehmen.

NOTHOSAURUS

Ein frühes Meeresreptil

Reptilien gediehen nach dem Großen Sterben. Da die Weltmeere nach diesem Ereignis nahezu leer waren, begannen einige Reptilien innerhalb weniger Millionen Jahre wieder im Wasser zu leben. Diese Meeresreptilien tauschten ihre Beine gegen Flossen und entwickelten sich zu langen, schlanken Wesen, die durchs Wasser gleiten konnten. *Nothosaurus*, der vor etwa 240 Millionen Jahren auftauchte, war einer der ersten diese frühen Meeresabenteurer.

Damals gab es auf der Erde einen einzigen Superkontinent namens Pangäa, der von einem weltumspannenden Ozean, Panthalassa, umgeben war. Doch auf der östlichen Seite Pangäas bildete sich ein weiteres, flaches Meer namens Tethys, in dem es von Leben nur so wimmelte. Dort lebte *Nothosaurus*. Die größten *Nothosaurus*-Arten wurden rund 6 m lang, also etwa so groß wie die größten heutigen See-Elefanten. Das Reptil hatte eine ähnliche Lebensweise wie eine Robbe: Es tauchte tief ins Wasser, um nach Beute zu schnappen. Die verschiedenen *Nothosaurus*-Arten hatten auch leicht unterschiedliche Schwimmstile, die aber hauptsächlich dadurch gekennzeichnet waren, dass sie ihre kräftigen Vorderflossen wie eine Robbe benutzten und mit den Hinterbeinen steuerten. Man nimmt an, dass diese Meeresreptilien keine Eier legten, sondern ihre Jungen im Wasser zur Welt brachten. Das würde bedeuten, dass *Nothosaurus* nicht zum Brüten an Land gehen musste. Aber wie genau er sich fortpflanzte, ist noch immer ein Rätsel.

COELOPHYSIS

Gebaut für Schnelligkeit

Coelophysis stand auf zwei Beinen, war 1 m groß und dank seines langen, schlanken Halses und eines ebensolchen Schwanzes rund 3 m lang. Er jagte kleinere Tiere, indem er seinen Hals vorschnellen ließ, seine Beute mit seinem langen schmalen Kiefer packte und mit einem Biss tötete. *Coelophysis* war jedoch bei weitem nicht der größte Jäger und fiel sogar vielen Reptilien, die keine Dinosaurier waren, zum Opfer. Er war auf Schnelligkeit ausgelegt, was für das Verfolgen von Beutetieren nützlich war und es anderen schwer machte, ihn zu fangen. Der Name *Coelophysis* bedeutet „hohle Form" und geht darauf zurück, dass einige Knochen dieses flinken Dinos hohl waren. Sie waren zwar robust, aber auch leicht – ein Merkmal, das wir bei heutigen Vögeln wiederfinden. Und es gibt noch ein weiteres Merkmal von *Coelophysis*, das die modernen Vögel mit den Theropoden verbindet: der Gabelknochen. Dabei handelt es sich um miteinander verschmolzene Schlüsselbeine, die du auch in einem Brathähnchen findest. Der Gabelknochen im Skelett von *Coelophysis* ist der älteste, von dem wir wissen.

Coelophysis-Überreste zählen zu den eindrucksvollsten Fossilienfunden überhaupt. In den Ghost-Ranch-Steinbrüchen in New Mexico wurden hunderte übereinander liegende *Coelophysis*-Skelette entdeckt. Wahrscheinlich wurden die Tiere von einer plötzlichen Flut überrascht und ertranken. Warum sich so viele von ihnen hier versammelt hatten, ist schwer zu sagen, aber manche Forschende glauben, dass sie zum Brüten hierher gekommen waren. Was meinst du?

LAURASIA
EURASIA
GONDWANA

DAS JURA

DAS ZEITALTER DER GIGANTEN

Die Dinosaurier wurden zur dominierenden Tiergruppe auf dem Land. Als die Kontinente auseinanderbrachen, fluteten flache Meere die entstandenen Lücken. Das Land war von dampfenden Urwäldern und Sümpfen überzogen, die Lebensräume für einige der größten Landtiere der Geschichte schufen.

ICHTHYOSAURUS

Eine „Fischechse“

Ist es ein Delfin? Ist es ein Hai? Nein, es ist *Ichthyosaurus*! Der Name *Ichthyosaurus* bedeutet übersetzt „Fischechse“. Er lebte vor rund 180 Millionen Jahren, doch in den Meeren gab es noch viele weitere *Ichthyosaurier*-Arten.

Viele dieser Tiere besaßen Merkmale, die man auch bei heutigen Ozeanjägern wie zum Beispiel Haien findet. Ihre Arme waren zu kräftigen Flossen ausgebildet, die für Auftrieb sorgten und ihnen beim Steuern und Bremsen halfen. Ihre Hinterbeine waren zu kleinen Paddeln zusammengeschrumpft, um bei der Fortbewegung nicht zu viel Widerstand zu erzeugen. Ihre fleischige Rückenflosse half ihnen, den Körper aufrecht zu halten und verhinderte, dass er zur Seite rollte, während sie sich mit Schwanzschlägen durchs Wasser bewegten. Der lange Kiefer war mit dutzenden kleinen Zähnen besetzt, die perfekt geeignet waren, Fische und andere glitschige Meeresbeute zu packen. Wie ein Delfin atmete *Ichthyosaurus* Luft, konnte aber dennoch sehr tief tauchen. Einige dieser Reptilien hatten riesige Augen, mit denen sie im dunklen Wasser ihre Beute aufspürten. *Ichthyosaurus* war etwa 3 m lang, nicht viel länger als ein Taucher mit großen Schwimmflossen, seine Augen aber waren so groß wie Grapefruits. Bei größeren Exemplaren konnten die Augen die Größe von Fußbällen erreichen! Das ist sicher sehr hilfreich, wenn man in trüben Gewässern auf Beutefang geht.

DIE ERSTEN FOSSILIEN-JÄGER*INNEN

Alles, was wir über Dinosaurier und andere frühe Tiere wissen, haben wir durch ihre Fossilien erfahren. Fossilien sind Überreste einer toten Lebensform, die Teil des Gesteins im Erduntergrund geworden sind. Meistens sind es feste Körperteile, wie Knochen, Zähne oder Panzer, die sich erhalten haben. Es gibt aber noch weitere Arten von Fossilien: Fußabdrücke im Matsch oder Sand verraten uns viel über das vergangene Leben. Außerdem wurden versteinerte Nester und Eier und sogar versteinerte Dino-Kacke entdeckt!

Es dauert viele tausend Jahre, bis sich ein Fossil bildet, doch erst in den letzten Jahrhunderten haben wir begonnen, diese Fossilien in einem modernen Sinn zu untersuchen. Der Begriff „Dinosaurier“ wurde erst 1842 erfunden. Zwar haben Menschen auch vorher schon Fossilien ausgegraben, hielten diese aber für Knochen von Fabelwesen. Im alten China wurden Fossilien als Drachenknochen bezeichnet, und im mittelalterlichen Europa waren die spiralförmig aufgerollten Gehäuse versteinerter Ammoniten als Schlangensteine bekannt.

Avicenna

Shen Kuo

Georges Cuvier

Und doch haben sich einige frühe Gelehrte interessante Gedanken zu Fossilien gemacht. Der persische Arzt Avicenna stellte im 11. Jahrhundert eine Theorie auf, wie Fossilien sich gebildet haben könnten. Etwa zur gleichen Zeit entdeckte der chinesische Naturwissenschaftler Shen Kuo in einer wüstenartigen Gegend von China versteinerten Bambus und verstand, was das bedeutete: nämlich, dass sich die Lebensräume und das Klima auf der Erde über lange Zeiträume nach und nach veränderten. Zu einer bedeutenden Erkenntnis gelangte Ende des 18. Jahrhunderts der Franzose Georges Cuvier, als er herausfand, dass die versteinerten

Überreste zu anderen Tieren gehörten als jenen, die wir heute kennen. Das bedeutete, dass manche Arten ausgestorben waren und andere ihren Platz eingenommen hatten.

Zu Beginn des 19. Jahrhunderts war das Interesse an Fossilien so groß wie nie zuvor. Vermögende Menschen wollten die besten Exemplare besitzen, die man für Geld kaufen konnte. Ausgegraben wurden diese von Leuten wie der Anning-Familie, die in Dorset, an der Südküste von England lebte. Die weichen Felsen dort stecken auch heute noch voller Fossilien.

Nachdem Teile der Klippen nahe dem Haus der Annings bei heftigen Stürmen weggespült worden waren, fand Mary Anning viele wunderbare Fossilien zum Verkaufen. Außerdem begann sie, wissenschaftliche Entdeckungen zu machen. Im Alter von 12 Jahren grub sie ein vollständiges Ichthyosaurus-Skelett aus und entdeckte damit eine ausgestorbene Reptilienart. Zehn Jahre später legte sie eines der besterhaltenen Beispiele eines Plesiosaurier-Skeletts frei (ein Meeresreptil). Zudem fand sie Pterosaurier-Fossilien – dieses geflügelte Reptil wurde damals als fliegender Drachen beschrieben.

Annings Ruf und ihre erstaunlichen Entdeckungen nutzten spätere Fossilienjäger wie Gideon Mantell und William Buckland für ihre Arbeit. Buckland studierte einige gigantische Knochen, die 1815 in der Nähe von Oxford gefunden wurden. Das Tier, zu dem sie gehörten, taufte er *Megalosaurus*, „große Echse“. Kurze Zeit später gab Mantell die Benennung von *Iguanodon* bekannt, einem noch größeren ausgestorbenen Reptil. Die Entdeckung dieser seit langem verschwundenen Tiere waren ein bedeutender erster Schritt in der Erforschung jener Tiere, die wir heute Dinosaurier nennen.

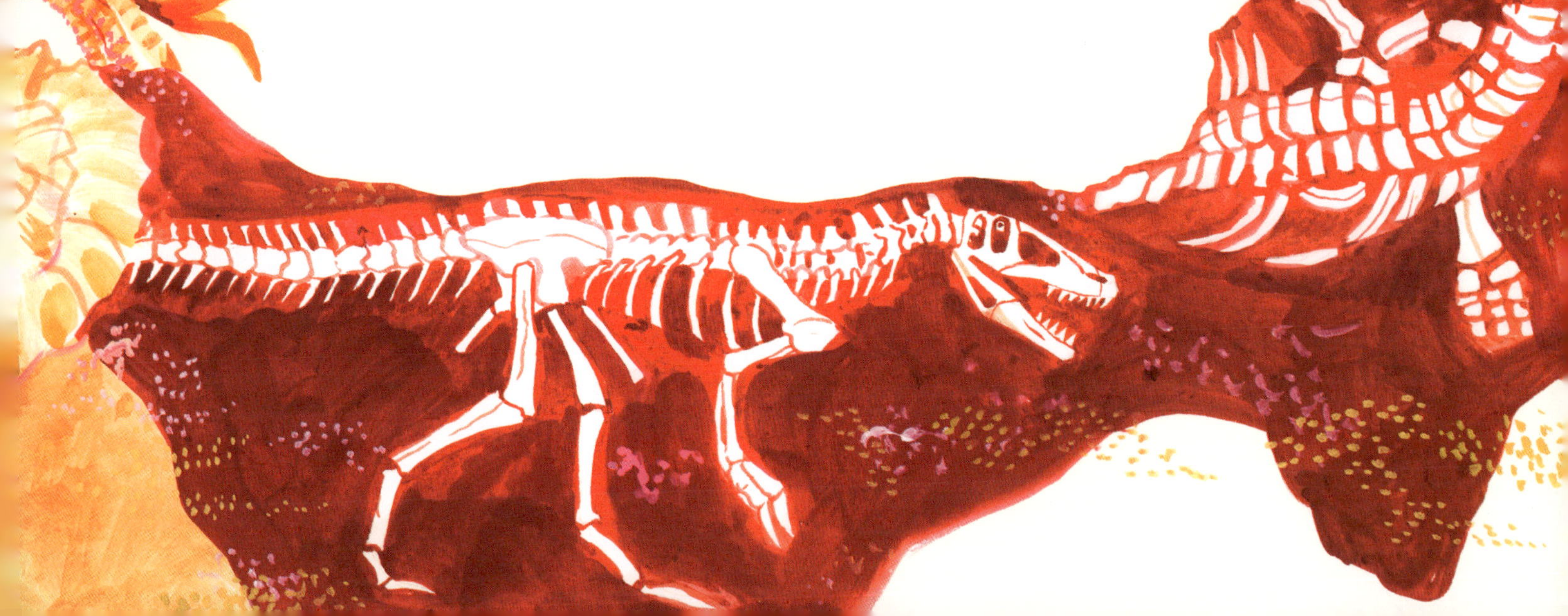

BRACHIOSAURUS

Ein Pflanzenfresser, der in der Höhe weidet

Nachdem sich die Dinosaurier rund 100 Millionen Jahre lang entwickelt hatten, waren sie zu erstaunlich großen Tieren herangewachsen. *Brachiosaurus* war einer der größten, und er trug seinen Kopf sehr hoch – möglicherweise ganze 12 m über dem Boden. Das entspricht der zweifachen Größe einer Giraffe und bedeutet, dass *Brachiosaurus* über ein dreistöckiges Haus hätte hinüberblicken können! Der mächtige Dinosaurier nutzte seinen langen Hals, um von den Kronen der höchsten Bäume die frischesten Blätter zu fressen, die für seine kleineren Konkurrenten unerreichbar waren.

Brachiosaurus bedeutet „Arm-Echse". Der Name rührt daher, dass seine Vorderbeine (oder Arme) weit entwickelt und länger als die Hinterbeine waren. Für Tiere und insbesondere für Dinosaurier ist das ungewöhnlich. Durch die langen Arme fiel der Rücken von *Brachiosaurus* zum Schwanz hin ab. Dadurch war es für ihn leichter, den Schädel und den Hals anzuheben. Der Schädel war vergleichsweise sehr klein, aber das scheint eine der vielen Anpassungen gewesen zu sein, die den Sauropoden dabei halfen, so groß zu werden. Kleinere Köpfe wiegen weniger, was bedeutete, dass die Tiere längere Hälse ausbilden und so an mehr Nahrung gelangen konnten.

Brachiosaurus machte sein Skelett durch ein System von luftgefüllten Kammern in den Hals- und Rückenknochen leichter. Dieses Luftkammersystem war im Grunde eine Erweiterung der Lungen, das dem Tier dabei half, besser zu atmen. Ob es auch beim Erzeugen von Brülllauten eine Rolle spielte, ist nicht bekannt, aber neue Forschungen betrachten die Rufe und Laute der Dinosaurier mit neuem Blick.

WIE KLANGEN DIE DINOSAURIER?

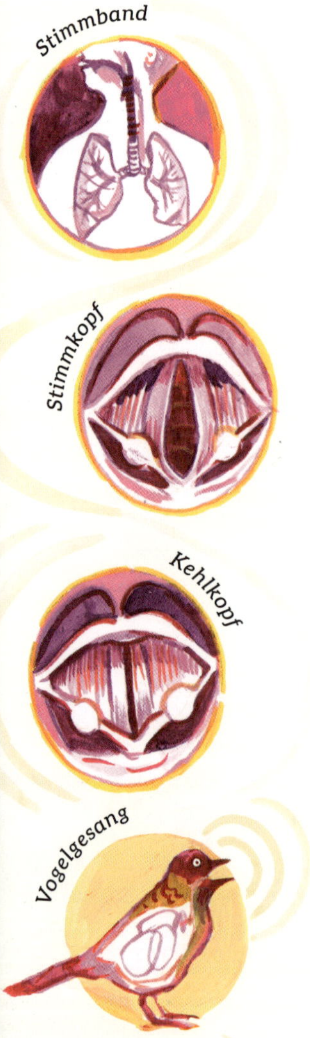

Die ferne Vergangenheit ist stumm. Wenn wir darüber nachdenken, welche Laute Dinosaurier wohl von sich gaben, stellen wir uns vermutlich eine Szene vor, in der große jagende Reptilien gewaltige dröhnende Laute ausstoßen, die jeden Löwen zum Schweigen bringen würden, während ihre Opfer, die schwerfälligen Pflanzenfresser, bei dem Versuch zu fliehen schrille Heullaute produzieren. Doch was kann uns die Wissenschaft über die Laute sagen, die Dinosaurier und andere frühe Tiere von sich gaben?

Schall wird im Allgemeinen durch Weichgewebe, Muskellappen und Sehnen wie den menschlichen Stimmbändern erzeugt. Da dieses Material nicht versteinert, bleiben uns nur die Knochen, die lediglich einen kleinen Teil der Laut-Geschichte erzählen. Wir können jedoch einen Blick auf die Schallorgane von heute lebenden Verwandten der Dinosaurier werfen. Die Vögel zum Beispiel haben sich aus einer Gruppe von Dinosauriern entwickelt, während die Krokodile von Reptilien abstammen, die einen gemeinsamen Vorfahren mit den Dinosauriern haben: den Archosaurier. Außerdem wissen wir, dass kleinere Tiere im Allgemeinen höhere Töne erzeugen als größere Tiere.

Vögel sind sehr stimmgewaltige Lebewesen. Mit einem komplexen Lautbildungsorgan, dem Stimmkopf, erzeugen sie eine Vielzahl von Singtönen. Ein Fossil einer frühen Vogelart namens *Vagavis*, das in der Antarktis gefunden wurde und rund 67 Millionen Jahren alt ist, enthält Überreste eines Stimmkopfs. Daraus können wir schließen, dass *Vagavis* einen tiefen, hupenden Laut, ähnlich dem einer Gans, von sich gab. Andere Reptilien nutzen statt eines Stimmkopfes einen Kehlkopf.

Krokodile können mithilfe dieser Vorrichtung tiefe brüllende Laute erzeugen, mit denen sie einerseits mögliche Partner anlocken und andererseits mit ihrem Nachwuchs kommunizieren. Erstaunlicherweise kennen wir auch den Kehlkopf eines Dinosauriers, eines gepanzerten Pflanzenfressers namens *Pinacosaurus*. Aufgrund seines Aufbaus konnte dieser Kehlkopf den Atemweg vermutlich weit öffnen, um laute Rufe zu erzeugen. Außerdem konnte die Luftröhre ihre Form verändern, um weitere Geräusche zu produzieren. Doch um besser zu verstehen, wie der Kehlkopf von *Pinacosaurus* funktionierte und was dies für die Dinosaurierlaute bedeutet, sind weitere Funde nötig.

Untersuchungen der Form des Innenohrs in versteinerten Schädeln deuten darauf hin, dass viele große Dinosaurier wahrscheinlich tiefe Töne erzeugten. Die Cochlea, ein Teil des Innenohrs, der für das Hören wichtig ist, ist bei vielen Dinosauriern relativ lang, was darauf schließen lässt, dass sie tiefe Töne gut hören konnten. Zu den lautesten Dinosauriern gehörten vermutlich die Hadrosaurier. Diese großen Pflanzenfresser hatten ein komplexes Sozialleben, und viele entwickelten knochige, hohle Kammstrukturen auf dem Schädel. *Parasaurolophus* hatte an der Oberseite des Schädels einen 2 m langen Knochenzapfen mit einem gebogenen Hohlraum darin. Man nimmt an, dass *Parasaurolophus* dieses Merkmal nutzte, um mit seinen Artgenossen zu kommunizieren.

Expert*innen sind sich nicht sicher, wie Dinosaurier klangen, aber die lautesten Rufe moderner Vögel und Reptilien klingen wie ein tiefes Dröhnen und Schreien. Wenn wir eine Zeitreise in die Epoche der Dinosaurier machen könnten, würden wir diese Geräusche vielleicht auch dort hören.

DIPLODOCUS

Ein pflanzenfressender Gigant

Wenn *Diplodocus* durch die Gegend trottete, brauchte das seine Zeit. Das riesige Tier war wahrscheinlich ganze 33 m groß (das entspricht der Höhe eines zehnstöckigen Gebäudes) und wog satte 15 Tonnen. Daher konnte es sich nur langsam fortbewegen.

Das auffälligste Merkmal von *Diplodocus* war sein langer schlanker Schwanz, der mehr als 80 einzelne Knochen enthielt. Doch warum war der Schwanz von *Diplodocus* so lang? Früher glaubte man, dass er ihn zum Einschüchtern benutzte. Ein Schlag mit der Schwanzspitze hätte einen lauten Knall erzeugen können, der in der ganzen Gegend widerhallte – eine Warnung an andere, sich fernzuhalten. Neuere Forschungen haben allerdings gezeigt, dass der Schwanz sich gar nicht schnell genug bewegen ließ, um diesen lauten Knall zu produzieren. *Diplodocus* könnte ihn jedoch als Waffe gegen Angreifer eingesetzt haben. Der Schwanz war lang und schwer, so ein Hieb wäre sicher schmerzhaft gewesen.

Wie es scheint, riss *Diplodocus* Blätter von Ästen und schluckte sie dann unzerkaut herunter. Von allen Dinosauriern hatte er den schnellsten Zahnwechsel. Jeder Zahn wurde vermutlich etwa einmal im Monat ausgetauscht, sodass der Kiefer ständig mit frischen, noch nicht abgenutzten Zähnen bestückt wurde, die ihm das Fressen erleichterten.

STEGOSAURUS

Ein gepanzerter Gigant

Vor rund 150 Millionen Jahren konnte man *Stegosaurus* durch die offene Landschaft im heutigen Nordamerika und Europa stampfen sehen. Sein Gehirn war nur so groß wie eine kleine Frucht, kontrollierte aber einen Körper, der von der Nase bis zur Schwanzspitze 9 m lang werden konnte. Das entspricht der Länge eines Schulbusses – du kannst dir also vorstellen, wie schwer er gewesen sein muss.

Stegosaurus war ein ungewöhnlicher Stegosaurier. Statt der typischen Stacheln, die man bei vielen seiner Verwandten sieht, trug er große Platten auf dem Rücken. Diese spielten wahrscheinlich bei der Balz eine Rolle, während der Stachelschwanz der Verteidigung gegen Angreifer diente.

Der kleine, schmale Kopf war hilfreich, um an die niedrig wachsenden Pflanzen zu gelangen, von denen er sich ernährte. Verglichen mit anderen Dinosauriern mit ähnlicher Kopfform hatte er einen kräftigeren Biss und fraß wahrscheinlich härtere Pflanzen. Sein riesiger Darm half ihm, die vielen Mahlzeiten zu verdauen, denn *Stegosaurus* verbrachte einen Großteil seines Tages mit Fressen und Fressen – und noch mehr Fressen.

STEGOSAURUS – LERNEN DURCH VERSUCH UND IRRTUM

Seit fast 150 Jahren gewinnen Paläontolog*innen immer wieder neue Erkenntnisse über Stegosaurier. Im Jahr 1877 gruben Othniel Charles Marsh und sein Team in den Rocky Mountains, USA, die ersten *Stegosaurus*-Fossilien aus. Das war der Beginn von allerlei verrückten Theorien.

Es waren schwierige Fossilien, mit denen Marsh arbeiten musste, denn sie waren in hartem Gestein eingeschlossen. Marsh glaubte zunächst, dass *Stegosaurus* schwimmen konnte – Ende des 19. Jahrhunderts ging die Wissenschaft allgemein davon aus, dass Dinosaurier einen Großteil ihres Lebens im Wasser verbrachten. Marsh war außerdem der Meinung, dass es sich um einen Bipeden handelte, also ein Tier, dass aufgrund seiner kurzen Vorderbeine nur auf zwei Beinen läuft.

Marshs Theorien gingen noch weiter. Am verrücktesten war seine Annahme, Stegosaurier hätten ein zweites Gehirn gehabt, das in ihrem Hintern saß – ausgerecht da! Bei der Untersuchung des Sauropoden *Camarasaurus* hatte der Forscher in den Rückenknochen über dem Becken des Dinosauriers einen Hohlraum bemerkt, der größer war als der Hohlraum für sein Gehirn. Das bedeutete, dass ein zweites Gehirn in den Hintern gepasst haben könnte. Schließlich hatten diese riesigen Dinosaurier winzige Gehirne, und ein zweites Gehirn an dieser Stelle hätte ihnen beim Koordinieren von Hinterbeinen und Schwanz helfen können.

Bei diesen Theorien ging es darum, wie *Stegosaurus* sich bewegte und dachte. Aber wie sah er aus? Marsh vermutete, dass die charakteristischen flachen Platten des *Stegosaurus* auf seinem Rücken einen Schutzpanzer bildeten, ähnlich dem einer Schildkröte. Und Marsh war nicht der einzige Wissenschaftler, der sich zu den Platten Gedanken machte. Einige waren der Meinung, die Platten seien zu einer einzigen Flosse angeordnet gewesen. Andere glaubten, sie hätten V-förmig nebeneinander gestanden. Es gab sogar die Theorie, dass *Stegosaurus* die Platten in verschiedene Richtungen drehen konnte, um sich gegen Angriffe zu wehren. Die scharfkantigen Platten, so die damalige Theorie, hätten Angreifer daran gehindert, auf den Rücken von *Stegosaurus* zu springen und ihn in den Hals zu beißen.

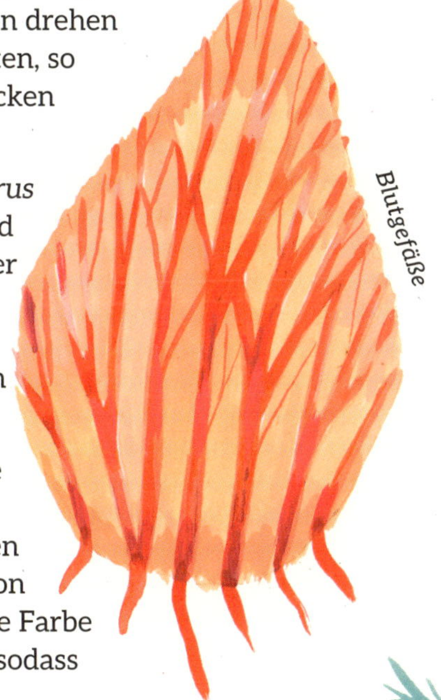

Heute ist sich die Wissenschaft einig, dass die Platten von *Stegosaurus* nicht der Verteidigung dienten. Ein Stegosaurier war zu langsam und zu schwer, um vor Angreifern davonzulaufen. Allerdings hatte dieser schwerfällige Pflanzenfresser ein anderes Werkzeug, mit dem er sich verteidigen konnte: seine riesigen Schwanzstacheln. Mit einem Hieb dieses kräftigen, stachelbewehrten Schwanzes konnte er einen blutrünstigen Räuber mit Sicherheit ernsthaft verletzen.

Wozu dienten also die Platten? Hauptsächlich wohl für die Balz. Die Knochen waren vermutlich mit einer dünnen Haut in leuchtenden Farben überzogen, sodass *Stegosaurus* für alle sichtbar damit prahlen konnte, wie gesund und kräftig er war. Wir wissen, dass die Haut von Blutgefäßen durchzogen war, vielleicht konnten die Platten also ihre Farbe verändern, zwischen blassen und leuchtenden Rottönen wechseln, sodass die Dinosaurier sich darüber verständigen konnten.

Aber warum wurden in der Dinosaurierforschung so viele Fehler gemacht? Kurz gesagt, Paläontolog*innen haben seit der Zeit von Marsh weitere Exemplare entdeckt, die vollständiger erhalten sind, und noch immer werden neue Exemplare gefunden. Marsh und andere frühe Paläontolog*innen hatten keine Computer, kein Internet und keine Bücher wie dieses, das man sich ansehen kann, also mussten sie viele Vermutungen anstellen. Wenn man Theorien über neu entdeckte Dinosaurier entwickelt und diese sich als falsch erweisen, muss man eben besser erhaltene Exemplare finden und es erneut versuchen!

ALLOSAURUS

Ein Killer des Jura

Nicht nur die pflanzenfressenden Dinosaurier des Jura entwickelten sich zu Giganten – auch die Räuber wuchsen zu riesigen Wesen heran. Der im Oberjura weit verbreitete *Allosaurus* konnte rund 3 m groß und bis zu 9 m lang werden. Trotz dieser enormen Körpergröße wog er nur 1,5 Tonnen und konnte sich daher wahrscheinlich ziemlich gut anschleichen. Wie alle Raubtiere hatte er es vermutlich auf junge Dinosaurier sowie auf schwache und alte Tiere abgesehen.

Junge Dinosaurier waren sicher eine leichte Beute. Doch Bissspuren an den Platten von *Stegosaurus* zeigen, dass einzelne fleischfressende Dinosaurier bisweilen auch große, gut geschützte Tiere angriffen. Diese Jagdstrategie war allerdings gefährlich, und die vielen Verletzungen und Infektionen, die an mehreren *Allosaurus*-Knochen entdeckt wurden, zeigen, wie schwer es war, ein Räuber zu sein.

Allosaurus hatte keinen superstarken Biss, konnte seinen kräftigen Kiefer aber sehr weit öffnen. Außerdem hatte er lange, kräftige Zähne mit gezackten Rändern. Mit ihnen konnte *Allosaurus* vermutlich die Haut seines Opfers aufschlitzen, sodass es stark blutete. Seine sich wehrende Beute hielt er wahrscheinlich mit seinen starken Vorderbeinen fest, um dann mit dem Schädel den größten Schaden anzurichten. Mit seiner Halsmuskulatur hätte *Allosaurus* so fressen können wie moderne Raubvögel. Die Muskeln ermöglichten Abwärts- und Rückwärtsbewegungen des Schädels, sodass er Fleischstücke herausreißen konnte, die er dann unzerkaut herunterschluckte. Alles, was *Allosaurus* zum Opfer fiel, nahm ein grausames Ende!

ARCHAEOPTERYX

Der erste Vogel

Kannst du dir vorstellen, dass die Dinosaurier nie wirklich ausgestorben sind und noch heute überall auf der Welt leben? Wahrscheinlich siehst du sie jeden Tag! Vögel sind die einzige Dinosauriergruppe, die das Massenaussterben am Ende der Kreidezeit überlebt hat. Sie entwickelten sich aus einer Gruppe von Theropoden. Ein Tier namens *Archaeopteryx* spielt bei der Erforschung der Evolution von Vögeln eine ganz besonders wichtige Rolle.

Archaeopteryx hatte große Ähnlichkeit mit einem Vogel, schließlich hatte er gefiederte Flügel. Aber diese 150 Millionen Jahre alte Kreatur besaß auch Merkmale ausgestorbener Dinosaurier, nämlich scharfe Zähne, krallenbesetzte Finger und einen langen knochigen Schwanz. Als dieses Tier Ende des 19. Jahrhunderts erstmals entdeckt wurde, erregte das großes Aufsehen! Heute wird *Archaeopteryx* häufig als „der erste Vogel“ bezeichnet.

Archaeopteryx-Fossilien zeigen, dass sich die Arme dieses Tieres zu Flügeln entwickelten. Doch die Form seiner Flügelknochen deutet darauf hin, dass *Archaeopteryx* kein guter Flieger war. Kurze Entfernungen konnte er flatternd zurücklegen, vielleicht, um vor Angreifern zu flüchten, so wie der Fasan es heute macht. Wie heutige Vögel verlor auch *Archaeopteryx* Federn an seinen Flügeln, die anschließend nachwuchsen. Dies war eine nützliche Anpassung, denn so erhielt er sich die Fähigkeit, in die Luft aufzusteigen. An seinen Füßen befand sich eine ausklappbare Killerkralle, mit der er kleine Beutetiere reißen konnte. Die Form der Fußklauen von *Archaeopteryx* verrät uns auch, dass er wahrscheinlich am Boden jagte und viel Zeit im Unterholz verbrachte – und das, obwohl er ein Jäger war, der in den Himmel strebte!

PTERODACTYLUS

Ein Finger mit einem Flügel

Im Zeitalter des Jura war der Himmel voller geflügelter Kreaturen, den sogenannten Pterosauriern oder „geflügelten Echsen“. *Pterodactylus* war der erste Pterosaurier, der vor über 200 Jahren entdeckt wurde. Man fand sein schlaksiges Skelett in einem Kalksteinfelsen in Deutschland. Einer seiner Fingerknochen (das Gegenstück des Ringfingers einer menschlichen Hand) war genauso lang wie der restliche Arm. Dieser Fingerknochen bildete die Vorderkante eines Hautflügels, der weit nach hinten reichte und mit den Beinen verbunden war.

Die Flügel hatten eine dünne Muskel- und Nervenschicht, funktionierten also nicht wie ein Drachen, der vom Wind in die Luft gehoben wird. *Pterodactylus* konnte die Luft um sich herum spüren und seine Flügel verbiegen, um seinen Flug zu steuern. Sein gesamter Körper war von einem fellähnlichen Flaum bedeckt, der das Tier in der Luft warmhielt. Ein Kamm auf seinem Kopf diente vermutlich der Balz, mit ihm konnte er mögliche Partner beeindrucken.

Pterodactylus war ein Jäger, der von oben auf seine Beute herabschoss. Um in die Lüfte aufzusteigen und auf Jagd zu gehen, stieß er sich wahrscheinlich mit seinen kräftigen Armen ab, sprang über seine Vorderbeine und begann dann mithilfe seiner kräftigen Brustmuskeln mit den Flügeln zu schlagen. Am Ende des Juras erhielten Pterosaurier wie *Pterodactylus* in der Luft Gesellschaft von einem anderen Tier: dem Vorfahren der Vögel.

WIE ENTWICKELTE SICH DAS FLIEGEN?

Das Fliegen bietet Tieren gewaltige Vorteile. Durch das Aufsteigen in die Luft können sie Bodenjägern entkommen, an schwer erreichbare Nahrung gelangen und große Entfernungen überwinden. Es ist daher nicht verwunderlich, dass viele Tiere versucht haben, das Problem des Fliegens für sich zu lösen und die Vorteile der Fortbewegung in der Luft zu nutzen. Doch Fliegen ist eine besonders schwierige Art der Fortbewegung. Versuch es bloß nicht selbst! Dafür ist dein Körper nicht gemacht. Die Schwerkraft wird dich nach unten auf den Boden ziehen. Auch fliegende Tiere werden von der Schwerkraft nach unten gezogen, allerdings erzeugen sie eine Kraft namens Auftrieb, die sie wieder nach oben trägt. Wenn die Auftriebskraft stärker ist als die Schwerkraft, hebt das Tier vom Boden ab. Es fliegt!

Viele Tiere haben ein erfolgreiches Flugverhalten entwickelt, bei dem sie ihre Flügel mithilfe von Muskeln bewegen. Das erzeugt den Auftrieb, den sie benötigen, um abzuheben. Die Insekten waren die Ersten, denen dies gelang; dann kamen die Pterosaurier. Als nächstes folgten die Vögel, die sich aus einer Gruppe gefiederter Theropoden namens Maniraptoren entwickelten. Die letzten Tiere, die sich in die Lüfte aufschwangen, waren die Fledermäuse. Diese Säugetiere besitzen Hautflügel, die sich zwischen extrem langen Fingern spannen. Der Winkel des Flügels spielt beim Erzeugen des Auftriebs eine Schlüsselrolle. Wenn ein Tier im richtigen Winkel mit den Flügeln schlägt, treffen diese auf einen Luftstrom, und durch diesen Widerstand werden die Flügel – und das gesamte Tier – nach oben bewegt.

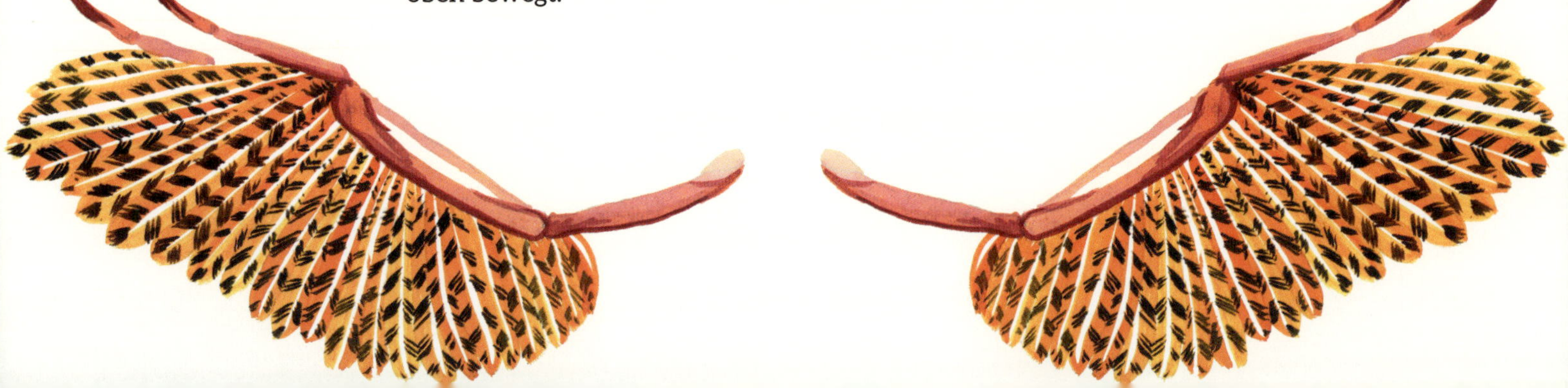

Auftrieb und Schwerkraft müssen in einem fragilen Gleichgewicht gehalten werden, und je mehr das Tier sein Gewicht verringern kann, desto leichter fällt ihm das Fliegen. Theropoden verringerten ihr Gewicht durch hohle Knochen. Vögel haben dieses Merkmal geerbt, um federleicht zu bleiben. Der Flügel eines Vogels besteht überwiegend aus Federn, ein Merkmal, über das auch ihre Vorfahren, die Maniraptoren, verfügten. Die ersten Federn waren vermutlich eine einfache flauschige Schicht, die ihre Besitzer warmhielt. Wir wissen, dass Federn mit der Zeit immer komplexer wurden, damit sie den Belastungen während des Flugs standhalten und sich bewegen konnten. Doch was war in der Zeit dazwischen? Bevor irgendein Tier fliegen konnte, hatten viele Maniraptoren mit Federn besetzte flügelähnliche Arme. Fachleute glauben, dass diese der Balz dienten oder den Tieren halfen, sich schneller über den Boden zu bewegen.

Doch wie genau sich das Fliegen bei den Vögeln und ihren Vorfahren, den Maniraptoren, entwickelte, ist noch immer nicht geklärt. Es gibt dazu zwei Haupttheorien: Die eine geht davon aus, dass sich das Fliegen „vom Boden nach oben“ entwickelte, indem sich die Tiere beim Laufen durch Sprünge in die Luft bewegten. Die andere nimmt an, dass es sich „von den Bäumen nach unten“ entwickelte, indem sich die Tiere von Ästen gleiten ließen, um Entfernungen zu überwinden. Das Springen hat beim Aufstieg in die Lüfte sicher eine wichtige Rolle gespielt, doch noch ist unklar, ob dies vom Boden oder von den Bäumen aus geschah. Auch wenn die Evolution des Vogelflugs noch immer ein wenig rätselhaft ist, können wir doch alle staunend beobachten, welche Flugkünste unsere Vögel, die heutigen Pterosaurier, um uns herum vollführen.

EUROPA
NORD-
AMERIKA
AFRIKA
SÜD-
AMERIKA
AUSTRALIEN
ANTARKTIS

DIE KREIDE

DAS ZEITALTER DER MONSTREN

In der letzten Epoche der Dinosaurier hatte sich der Planet Erde stark aufgewärmt. Es war etwa acht Grad wärmer als heute. Am Ende der Kreidezeit lag der Meeresspiegel um 250 m höher als heute, und in den warmen Ozeanen wimmelte es von Leben. Unter anderem lebte dort der heimtückische Fischfänger *Elasmosaurus*.

IGUANODON

Eine frühe Entdeckung

Dieses große, Blätter mampfende Reptil war einer der allerersten Dinosaurier, die von der Wissenschaft untersucht wurden. Mary Mantell hatte für ihren Mann Gideon, der die Fossilien und die Geologie Südenglands studierte, einige eigenartig aussehende Zähne erworben. Der Paläontologe fand, die Zähne sähen aus wie die stark vergrößerte Version eines Echsenzahns und nannte das geheimnisvolle Tier daher 1822 *Iguanodon*, was „Leguanzahn" bedeutet.

Das Wort „Dinosaurier" war damals noch nicht erfunden, und man konnte sich nur schwer vorstellen, wie *Iguanodon* ausgesehen und gelebt haben mochte. Bei dem Versuch, die Zähne und Knochen richtig anzuordnen, wurden daher im Laufe der Jahre viele Fehler gemacht. Heute ist man sich jedoch ziemlich sicher, dass der massige *Iguanodon* überwiegend auf vier Beinen unterwegs war. Seine Vorderbeine waren sehr gut entwickelt, hatten große Muskeln und robuste Knochen, und die Knochen des Handgelenks waren zu einem großen Block verschmolzen, um dem enormen Gewicht standzuhalten. An der Spitze des Kiefers hatte *Iguanodon* einen scharfkantigen Schnabel, mit dem er Zweige und Blätter abtrennen konnte, die er dann mit den blattförmigen, gezackten Backenzähnen zerkleinerte.

Ein Rätsel aber bleibt: Was hatte es mit dem kegelförmigen Dorn auf sich, der bei einigen Exemplaren zwischen den Knochen gefunden wurde? Frühe Paläontolog*innen glaubten, dieser hätte wie das Horn eines Nashorns auf der Nase von *Iguanodon* gesessen. Doch spätere Entdeckungen zeigten, dass es sich um einen großen Daumendorn handelte, der aus dem Vorderfuß aufragte. Aber wozu diente dieser Daumendorn? Half er *Iguanodon* beim Ausgraben von Nahrung oder war er eine Waffe, mit der er sich gegen Angreifer wehren konnte? Diese Frage bereitet der Forschung bis heute Kopfzerbrechen.

WIE BEWEGTEN SICH DIE DINOSAURIER?

Menschen, die Dinosaurier und andere Fossilien erforschen, heißen Paläontolog*innen. Paläontolog*innen arbeiten wie Detektiv*innen: Wie bei einem Puzzle setzen sie Beweisstücke zusammen, um mehr über das Leben in der Vergangenheit herauszufinden. Mit nur wenigen Hinweisen auf das Aussehen und die Lebensweise eines Tieres lassen sich allerdings leicht voreilige Schlüsse ziehen. Zum Glück werden Theorien in der Wissenschaft fortwährend verbessert, weiterentwickelt oder bestätigt, sodass ein immer genaueres Bild entsteht.

Die Frage, wie Dinosaurier sich fortbewegten, ist ein klassisches Beispiel dafür. Einst glaubte man, Dinosaurier wären langsame, faule Reptilien gewesen, die gemütlich in Sümpfen herumlagen, um ihr enormes Gewicht nicht ständig tragen zu müssen. Heute wissen wir, dass sie eine Reihe von Bewegungen entwickelten. Ihre Gliedmaßen hielten sie direkt unter dem Körper, und ihre scharnierartigen Fußgelenkknochen verhinderten eine zu große Bewegung des Fußes. Knochen liefern uns Hinweise auf die Länge der Gliedmaßen und die Größe der Muskeln, während fossile Fußabdrücke Aufschluss über die Schrittlänge und das Bewegungsverhalten geben. Manche Dinosaurier konnten sich schnell und leicht bewegen, andere brauchten ihre Gliedmaßen zum Tragen ihres Gewichts.

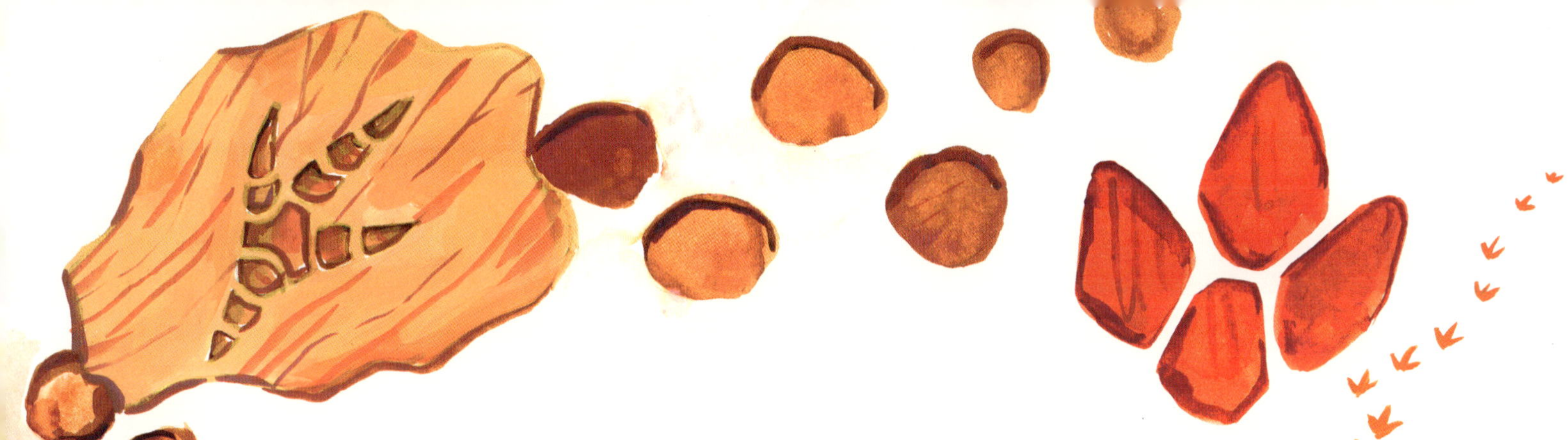

Ein großer Schritt bei der Erforschung der Dinosaurierfortbewegung war das Austesten von Ideen mithilfe von Computermodellen. Ausgehend von Scans fossiler Knochen lässt sich mit diesen Modellen ein Dinosaurier rekonstruieren, der dann um digitale Muskeln ergänzt werden kann. Auf dieser Grundlage können Forschende einschätzen, welche Kräfte und Belastungen bei der Bewegung auftreten. Konnten die Knochen der Belastung durch schnelle Bewegungen standhalten? Wieviel Kraft konnten die Muskeln ausüben? Die riesigen Sauropoden zum Beispiel konnten sich nicht sehr schnell bewegen: Ihre gewaltige Körpermasse erforderte langsame, gleichmäßige Bewegungen, um Verletzungen zu vermeiden. Derweil zeigen Modelle von *Tyrannosaurus*, dass er zwar zu groß war, um schnell zu laufen, wahrscheinlich aber den Schwung seines Schwanzes nutzte, um sich effizienter fortzubewegen. Dadurch sparte der riesige Räuber Energie.

Auch über die Evolution des Fliegens hat man viel herausgefunden. Theropoden erhoben sich während des Juras in die Lüfte und gesellten sich dort zu den Pterosauriern und Insekten, die bereits in der Lage waren, mit Muskelkraft zu fliegen. Die Federn entwickelten sich zu Strukturen, die nicht einfach nur zum Wärmen oder der Balz dienten, sondern auch den Belastungen des Fliegens standhielten. Während Computermodelle beim Erforschen des Fliegens hilfreich waren, hat die mikroskopische Untersuchung von Federn ergeben, wie diese sich verändert haben, damit sich die Theropoden in die Luft aufschwingen konnten. In einigen außergewöhnlichen Fossilien haben sich winzige Partikel von Federn erhalten. An ihnen kann man erkennen, wie sich die Federn im Laufe der Zeit verändert und ihre Steifigkeit verbessert haben. Das ermöglichte es den Vögeln schließlich, sich in die Lüfte zu erheben.

ARGENTINOSAURUS

Ein gewaltiger Pflanzenfresser

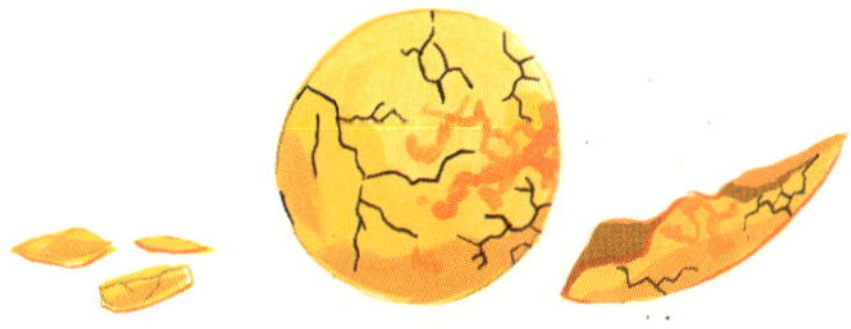

Argentinosaurus ist nach dem Land Argentinien benannt, wo viele seiner versteinerten Überreste gefunden wurden. Er war ein Titanosaurier – ein gigantischer Gigant. Titanosaurier waren wahrhaftige Riesen, und *Argentinosaurus* gilt als einer ihrer größten Vertreter. Doch gigantische Sauropoden sind uns häufig nur durch wenige Teile ihres Skeletts bekannt, und *Argentinosaurus* bildet da keine Ausnahme. Bis ein solch riesiges Tier unter der Erde begraben ist, dauert es sehr lange. Das bedeutet, dass sein Körper über lange Zeit dem Wetter und den Aasfressern ausgesetzt ist. Daher versteinern letztlich nur wenige Knochen. Alles, was wir über *Argentinosaurus* wissen, stammt aus der Erforschung einiger weniger Knochen, zum Beispiel eines 2,50 m langen Oberschenkelknochens sowie Wirbelknochen, von denen jeder so groß wie ein Kühlschrank ist.

Von der Schwanzspitze bis zur Oberlippe war *Argentinosaurus* vermutlich 35 m lang. Mit einem Körpergewicht von 80 Tonnen (das entspricht zehn Afrikanischen Elefanten) war er eines der größten Tiere, die je über die Erde gewandert sind, und mehr als Gehen konnte er tatsächlich nicht. Eine so riesige Kreatur war nicht in der Lage zu rennen. Den dabei auftretenden Kräften hätten seine Beinknochen nicht standgehalten.

Ein ausgewachsener *Argentinosaurus* war vermutlich nicht angreifbar, aber seine Jungen waren leichte Beute. Sie schlüpften aus fußballgroßen Eiern und brauchten mehrere Jahre, um ihre volle Größe zu erreichen. Die erwachsenen Tiere legten ihre Eier normalerweise in großen Brutkolonien ab, wie die heutigen Meeresschildkröten. So liefen ihre Jungen weniger Gefahr, gefressen zu werden. Aber hier endete die elterliche Fürsorge auch schon. Die erwachsenen Tiere kümmerten sich nicht um ihre Jungen. Wenn also ein *Argentinosaurus*-Junges zu einem Giganten heranwachsen wollte, musste es für sich selbst sorgen und versuchen, nicht gefressen zu werden.

WIE SORGTEN DIE DINOSAURIER FÜR IHRE JUNGEN?

Einer der Unterschiede zwischen den ersten Dinosauriern, die ja Reptilien waren, und ihren amphibischen Vorfahren, sind ihre Eier. Amphibien, wie Frösche und andere frühe Tetrapoden, legen weiche, gallertartige Eier, die sehr schnell austrocknen. Diese werden meist im Wasser abgelegt. Viele Reptilien dagegen legen Eier mit einer wasserdichten Schale, die die Babys, die im Innern heranwachsen, vor dem Austrocknen schützen. Die Eierschalen lassen allerdings Luft durch, damit das Baby atmen kann. Das ist der Grund, warum Reptilien und ihre Cousins, die Vögel, ihre Eier stets an Land und nie im Wasser ablegen.

Da unsere heutigen Vögel und Krokodile Eier legen, ist es sehr wahrscheinlich, dass auch die Dinosaurier dies taten, und tatsächlich gibt es dafür reichlich Beweise. Wir kennen Eier und Nester einer ganzen Reihe von Dinosaurierarten. Es gab Eier in allen möglichen Formen, von den rundlichen Eiern der Sauropoden, bis hin zu den länglichen Eiern der Oviraptosaurier. Obwohl viele Dinosaurier zu Giganten heranwuchsen, waren die Eier dieser gewaltigen Tiere relativ klein. Das liegt daran, dass größere Eier eine dickere Schale benötigt hätten, eine zu dicke Schale aber weniger durchlässig ist und somit die Sauerstoffversorgung des Babys gefährdet hätte – wäre das Ei zu groß gewesen, wäre das Baby erstickt.

Die Eier wurden in Nestern abgelegt, die je nach Art anders aussahen. Die gigantischen Sauropoden legten ihre Eier in einfache Mulden, die sie mit ihren Hinterfüßen formten. Manchmal taten sie dies in Bereichen, die durch Wärmequellen in tieferen Erdschichten gewärmt wurden. Andere Dinosaurier vergruben ihre Eier in Laubhaufen, wo sie von der Wärme, die beim Zerfall von Pflanzenmaterial entsteht, warmgehalten wurden. Einige gefiederte Theropoden begannen Nester zu bauen, die teilweise offen waren. Sie legten ihre Eier in einem Kreis ab, in dessen Mitte ein Elternteil Platz fand, das die Eier vor den Elementen schützen konnte. Andere Theropoden entwickelten diese Technik noch weiter und legten Nester an, in denen die Eier den Elternteil berührten, sodass sich die Körperwärme übertragen konnte. Die Vögel verlegten den Dinosaurier-Nestbau später in die Bäume, wo ihre Jungen besser vor Räubern geschützt waren.

Viele Dinosaurier betrieben auch Brutpflege für ihren Nachwuchs. Von einem Dinosaurier, *Citipati*, wurden Fossilien gefunden, die zeigen, dass das Elternteil starb, während es auf seinem Gelege saß. Andernorts nistete die „Gute-Mutter-Echse" – *Maiasaura* – in großen Kolonien und versorgte ihre heranwachsende Brut offenbar mit Blättern und anderen Snacks. Den vielen zertrampelten Eierschalen nach zu urteilen, blieben die Jungen von *Maiasaura* eine Zeitlang im Nest. Aber nicht alle jungen Dinosaurier hatten dieses Glück. Die Jungen des *Deinonychus*, eines Verwandten von *Velociraptor*, mussten offenbar selbst auf die Jagd gehen – stell dir vor, ein Kleinkind, das auf einen tödlichen Beutezug geht. Puh!

QUETZALCOATLUS

Der größte Flieger aller Zeiten

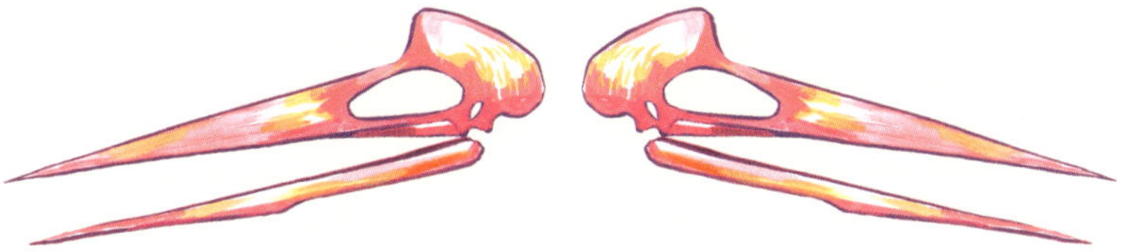

Mit der Flügelspannweite eines Zweisitzerflugzeugs war dieser Pterosaurier das größte fliegende Tier, das sich je in die Lüfte erhoben hat. Dieser Räuber der Lüfte ist nach Quetzalcoatl (einem allmächtigen fliegenden Schlangengott) benannt, der im Himmel lebte und vom Volk der Azteken verehrt wurde. Im echten Leben muss auch *Quetzalcoatlus* eine eindrucksvolle Macht gewesen sein. Er beherrschte die Lüfte und schwebte auf seinen 11m weiten Schwingen dahin, möglicherweise tagelang.

Doch dieses Flugreptil kam auch an Land gut zurecht. *Quetzalcoatlus* jagte zu Fuß und pirschte sich an seine Beute an, um sie dann zu packen. Heutige Störche gehen bei der Futtersuche genauso vor, wenn sie sich mit ihren langen Schnäbeln Insekten schnappen. *Quetzalcoatlus* tat das gleiche, nur dass er sich kleine Dinosaurier griff. Er konnte sich auf dem Land gut fortbewegen, vielleicht galoppierte er sogar auf vier Beinen. Wenn er auf allen Vieren unterwegs war, waren die langen Fingerknochen, die diebreiten Flügel bildeten, nach oben geklappt, und das Tier stützte sein Gewicht auf die restliche Hand.

Dank seines langen biegsamen Halses war *Quetzalcoatlus* so groß wie eine Giraffe! Seine enorme Größe wurde noch gesteigert durch einen niedrigen Kamm auf seinem Kopf, der wahrscheinlich der Balz diente. Sein breites Brustbein bot Platz für die kräftigen Muskeln, mit denen er die Flügel bewegte. Es muss ein eindrucksvoller Anblick gewesen sein, wie sich *Quetzalcoatlus*, der Bodybuilder seiner Zeit, vom Boden in die Lüfte aufschwang!

ELASMOSAURUS

Der seinen Hals ausstreckt

Der menschliche Hals hat sieben Wirbel. Der Hals einer Giraffe hat die gleiche Anzahl an Wirbeln wie unser Hals, nur ist jeder einzelne von ihnen sehr viel länger. *Elasmosaurus* aber, eine Meeresreptilart die zu den Plesiosauriern gehört, besaß 72 Halswirbel! Zusammen bildeten sie einen Hals, der rund 7 m lang war – das ist mehr als eine ganze Giraffe samt Hals! Dieser recht biegsame Hals machte mehr als die Hälfte der gesamten Körperlänge von *Elasmosaurus* aus. Als man die ersten *Elasmosaurus*-Skelette fand, hielt man den Hals für den Schwanz.

Plesiosaurier schwammen durchs Wasser und nutzten dafür alle vier Flossen. Man vermutet, dass sich dieser große Räuber mithilfe seines langen Halses gut an Schwärme kleiner Fische anschleichen konnte. Der lange Hals half *Elasmosaurus* wahrscheinlich dabei, seinen Körper weitestgehend außer Sichtweite zu halten. Das ist sehr gut möglich, aber vielleicht nur ein Teil des Gesamtbildes. *Elasmosaurus* war ein großes, gut bewaffnetes Tier mit großen Zähnen. Kleine Fische waren daher sicher nicht seine Hauptbeute. Mageninhalte von nahen Verwandten deuten darauf hin, dass er sich von einer größeren Bandbreite an Tieren ernährte, angefangen bei Tintenfischen zu Haien und kleinen Meeresreptilien wie Mosasauriern. Vor dieser großen Kreatur wären andere Meeresbewohner sicher gern davongeschwommen.

DIE „KNOCHEN-KRIEGE“

Stell dir folgende Szene vor: Zwei Revolverhelden aus dem Wilden Westen schießen in einem verzweifelten Duell, wer als erster ein Dinosaurierfossil ergattert, mit Pistolen aufeinander. Ob du es glaubst oder nicht, das ist keine Szene, die sich Hollywood ausgedacht hat – sie hat sich tatsächlich ereignet.

Die sogenannten Knochenkriege beherrschten die Fossilienforschung in den USA im späten 19. Jahrhundert über zwanzig Jahre hinweg. So unglaublich es scheinen mag, diese stürmische Zeit führte auch zur Entdeckung einiger der berühmtesten Dinosaurierarten, einschließlich *Stegosaurus* und *Triceratops*. Die dafür verantwortlichen Männer waren zwei Paläontologen namens Edward Drinker Cope und Othniel Charles Marsh. Wissenschaftliche Vorbilder waren sie allerdings nicht.

Marsh war Leiter des Naturkundemuseums an der Universität von Yale, während Cope an der Wissenschaftsakademie der Universität von Philadelphia arbeitete. Die beiden waren zunächst Kollegen, benannten sogar neu entdeckte Arten nach dem jeweils anderen. 1868 zeigte Cope seinem Kollegen Marsh sogar eine Grube in New Jersey, in der zahlreiche Fossilien entdeckt wurden. Doch anstatt Cope zu danken, bezahlte Marsh die Grubenarbeiter, damit sie die besten Fossilien direkt an ihn schickten! Cope war nicht sehr erfreut, als er das herausfand. Bald darauf veröffentlichte Cope eine Beschreibung von *Elasmosaurus*, einem Meeresreptil, das er entdeckt hatte. Seine Zeichnungen zeigten *Elasmosaurus* mit einem gewaltigen Schwanz. Marsh fand jedoch heraus, dass der Schwanz eigentlich der Hals war und erzählte allen von Copes Irrtum. Die beiden wurden zu erbitterten Feinden.

Um diese Zeit kamen tausende Siedler*innen auf der Suche nach Gold in den Wilden Westen. Es dauerte nicht lange, bis Goldgräber die gigantischen Knochen längst verstorbener Reptilien freilegten. Jeden Sommer schickten sowohl Cope als auch Marsh Fossilienjäger auf Expeditionen in entlegene Gebiete. Wenn einer der Forscher ein besonders fossilienreiches Stück Land entdeckte, kaufte er es sofort, um zu verhindern, dass sein Rivale dort ebenfalls suchte. Das führte dazu, dass verzweifelte Grubenarbeiter und Banditen sich im Kampf um das Land gegenseitig umbrachten, in der Hoffnung, dort Fossilien zu finden, die sie an Marsh, Cope oder andere Sammler verkaufen könnten.

Marsh war sehr viel vermögender als Cope und hatte daher auch mehr Arbeiter und mehr Land. Einen seiner erfolgreichsten Funde machte er in Como Bluff in Wyoming, wo er neben Dutzenden anderen Dinosauriern den ersten *Brontosaurus* entdeckte. Als Cope daraufhin ebenfalls Fossilienjäger in die Gegend schickte, zerstörten Marshs Männer die weniger gut erhaltenen Fossilien, die sie gefunden hatten, damit sie Copes Leuten nicht in die Hände fielen. Für den Fall, dass dies noch nicht deutlich genug geworden ist: Diese beiden Männer gelten heute nicht als Vorbilder der Wissenschaftsgemeinde, denn in dieser werden Zusammenarbeit und wissenschaftlicher Fortschritt hochgeschätzt.

Am Ende ging Cope das Geld aus, und er gab auf. Er entdeckte lediglich 56 Dinosaurier-Arten, während Marsh ganze 80 Arten entdeckte. Marsh wurde zum Leiter der Fossilienjäger-Abteilung der US-amerikanischen Behörde Geological Survey ernannt. Cope indes gab Anweisung, dass nach seinem Tod sein Gehirn gewogen werden sollte. Er war überzeugt, dass seines größer war als das von Marsh. Dieser jedoch ließ sich auf den Wettbewerb nicht ein. Schließlich hatte er ja bereits die „Knochenkriege“ gewonnen.

PACHYCEPHALOSAURUS

Der Headbanger

Pachycephalosaurus war ein kleiner Dinosaurier mit ungewöhnlichem Aussehen. Nur wenige Fragmente seines Skeletts wurden gefunden, aber die winzigen Vorderbeine verraten uns, dass er auf seinen beiden Hinterbeinen ging – und rannte. Man nimmt an, dass *Pachycephalosaurus* eine Höchstgeschwindigkeit von etwa 24 km/h erreichte, was eine ziemlich starke Leistung war. Mit einer Länge von etwa 4 m hätte er einem Menschen bis zur Brust gereicht, wenn er angriff, und er scheint ein guter Angreifer gewesen zu sein.

Und womit schlug er zu? Nun, der Name *Pachycephalosaurus* bedeutet „dickköpfige Echse", was allerdings nicht daran liegt, dass man *Pachycephalosaurus* für einen Dummkopf hielt! Vielmehr geht der Name auf eine 25 cm dicke Knochenwölbung auf dem Kopf des Tieres zurück. *Pachycephalosaurus* benutzte seinen dicken Kopf als Waffe. Vermutlich schlugen zwei Artgenossen ihre Köpfe gegeneinander, wenn sie um Partner oder Reviere kämpften. Computersimulationen zeigen auch, dass der Schädel von *Pachycephalosaurus* bestens geeignet war, starken Schlägen standzuhalten. Möglicherweise setzte das Tier die Kopfstoßwaffe auch zur Verteidigung gegen Angriffe von Räubern ein.

Dass Tiere ihre Köpfe gegeneinanderstoßen, kennen wir von kämpfenden Schafen und Hirschen. Und es wird häufig vermutet, dass *Pachycephalosaurus* genau wie sie ein Pflanzenfresser war. Seine ungewöhnlichen gezackten Vorderzähne ähneln allerdings denen von Raubdinosauriern. Gut möglich also, dass *Pachycephalosaurus* seine Ernährung gelegentlich durch Insekten oder Fleisch ergänzte. Mit dem Kopf auf einen Rivalen einzuschlagen, macht schließlich hungrig!

THERIZINOSAURUS

Der mit den längsten Krallen

Therizinosaurus war ein seltsam aussehendes Tier! Mit seinen 5 m Größe stand er auf unförmigen Hinterbeinen und war mit flauschigen Federn bedeckt. Er hatte eine Handvoll gebogener Krallen, die bis zu 1 m lang werden konnten, und einen kleinen Kopf mit Schnabel, der auf einem langen Hals saß. Die Erforschung dieses eigenartig aussehenden Dinosauriers wurde dadurch erschwert, dass nur wenige Knochenfragmente und die gebogenen Krallen überdauert haben, aber weitere Funde haben mehr Klarheit in die Beziehung von *Therizinosaurus* und den Theropoden gebracht.

Es wurden versteinerte Beckenknochen gefunden, deren Form darauf hindeutet, dass dieses Wesen ein sehr breites Becken hatte, wahrscheinlich um Platz für einen großen Schmerbauch zu schaffen. Fleischfresser haben einen kurzen Darm, weil Fleisch relativ leicht verdaut werden kann. Pflanzenfresser dagegen benötigen einen langen Darm, weil das Verdauen der härteren Pflanzenfasern mehr Zeit benötigt. Aufgrund seines großen Bauches gilt *Therizinosaurus* als Pflanzenfresser. Doch die Frage, warum er so riesige Krallen hatte, bereitet Paläontologen noch immer Kopfzerbrechen. Zunächst hielt man diese Krallen – die längsten in der Geschichte des Tierreichs – für Grabwerkzeuge, mit denen *Therizinosaurus* in Termitenhügel gelangte, oder auch für Waffen. Computeranalysen der Krallen deuten allerdings darauf hin, dass *Therizinosaurus* sie wahrscheinlich benutzte, um Äste herunterzuziehen, damit er mit seinem Maul an die Blätter kam.

Neuere Untersuchungen ziehen noch eine weitere Möglichkeit in Betracht. Da die gebogenen Krallen zu schwach waren, um als säbelartige Waffen benutzt zu werden, dienten sie vielleicht der Balz und der Verständigung mit Artgenossen. Möglicherweise schlug das Wedeln mit diesen gewaltigen Krallen andere Tiere in die Flucht oder lockte mögliche Partner an. Was glaubst du, wozu die Krallen von *Therizinosaurus* dienten?

WELCHE FARBE HATTEN DIE DINOSAURIER?

„Die Gegenwart ist der Schlüssel zur Vergangenheit“ – dies ist ein hilfreicher Satz, wenn es um die Erforschung von Dinosauriern und anderen ausgestorbenen Tiere geht. Das Studium heute lebender Tiere kann Aufschluss darüber geben, wie Dinosaurier in der Vergangenheit gelebt haben. Doch eine der wichtigsten Fragen ist nach wie vor schwer zu beantworten: Wie sahen sie aus?

Das Skelett liefert Informationen über die Größe der Muskeln und die Körperform. Da die Gesichter von Reptilien eher schuppig als fleischig sind, lässt sich der Umriss ihrer Schädel leicht rekonstruieren. An manchen Fossilien sind sogar Abdrücke ihrer Haut erhalten, die zeigen, dass viele Dinosaurier mit nicht-überlappenden Schuppen bedeckt waren. Bei neueren Funden wurden Exemplare entdeckt, an denen sich Federn und sogar versteinerte Haut erhalten haben. Aber welche Farbe hatten Haut und Federn der Dinosaurier?

In den letzten Jahren wurde eine neue Technik entwickelt, mit der sich die Farbe versteinerter Tiere herauszufinden lässt. Dabei werden Fossilien mit einem Mikroskop nach winzigen Partikeln abgesucht, in denen sich Weichgewebe wie Haut oder Federn erhalten hat. Diese Strukturen enthalten Reste von Pigmenten (Farbstoffen), sogenannte Melanosomen. Diese Melanosomen, deren Form zwischen rund und länglich variiert, finden sich auch bei heutigen Tieren wieder: Die runderen Melanosomen erzeugen

für gewöhnlich rostrote Farbtöne, die länglichen hingegen dunkle Brauntöne und Schwarz. Der kleine gefiederte Jäger *Sinosauropteryx* scheint eine rostrote Färbung und einen gebänderten Schwanz gehabt zu haben.

Federn erzeugen Farbe auch dadurch, dass sie das Licht in bestimmten Winkeln reflektieren, was durch Melanosomen nahe der Federoberfläche unterstützt wird. Diese schillernden Farben geben den Federn einen Glanz, wie man ihn bei den heutigen Staren und Kolibris beobachten kann. Heute wissen wir, dass eine Reihe von eng mit den Vögeln verwandten Theropoden über schimmernde Federn verfügten, zum Beispiel *Microraptor*, dessen Federn wie die einer Elster blauschwarz glänzten. Diese Färbung diente womöglich der Balz und der Verständigung mit Artgenossen.

Einige Dinosaurier entwickelten eine bestimmte Färbung, um sich zu tarnen. In den Ozeanen entwickelten Plesiosaurier und Ichthyosaurier wahrscheinlich eine solche Tarnfärbung, mit der sie im Wasser schwerer zu sehen waren. Dabei ist die Unterseite des Körpers so hell, dass sie von unten betrachtet mit der hellen Wasseroberfläche verschmilzt. Die Oberseite des Körpers ist dunkel und dadurch schwieriger zu erkennen, wenn man von oben in das tiefe, dunkle Wasser blickt.

Auch wenn wir vielleicht nie in der Lage sein werden, die Färbung aller Dinosaurier nachzubilden, bieten uns diese modernen Techniken doch neue Blicke auf wunderschön erhaltene Fossilien, die es Forschenden und Künstler*innen ermöglichen, das Leben der Vergangenheit mit immer größerer Genauigkeit abzubilden.

SPINOSAURUS

Der größte Raubdinosaurier?

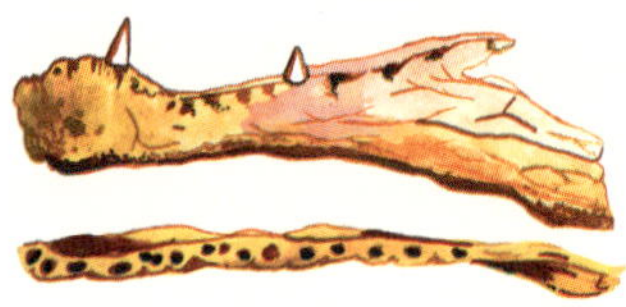

Um den größte Killer-Dinosaurier aller Zeiten zu treffen, müssen wir rund 100 Millionen Jahre zurück und an die Flüsse des heutigen Nordafrikas reisen. Hier lebte *Spinosaurus*, ein 14 m langes Killerwesen mit riesigem Kopf, langer Schnauze und dutzenden stachelartigen Zähnen, von denen die größten wohl im vorderen Teil des Kiefers saßen.

Spinosaurus ist nach den langen Knochenfortsätzen benannt, die aus seiner Wirbelsäule aufragten und den Rahmen für einen segelartigen Kamm entlang des Rückens bildeten. Das riesige Segel diente wahrscheinlich der Kommunikation mit anderen Spinosauriern. In den letzten Jahren ist ausgiebig über die Frage diskutiert worden, wie viel Zeit *Spinosaurus* im Wasser verbrachte. Manche vermuten, dass er ein Unterwasserjäger war, große Fische und andere Beutetiere jagte und dabei mit Schlägen seines Schwanzes Schub erzeugte. Verschiedene Anhaltspunkte deuten jedoch darauf hin, dass dieses monströse Tier eher im Sumpf als im Wasser zu Hause war.

Zum einen haben fossile Funde von *Spinosaurus* gezeigt, dass er an Land und nicht im Meer lebte. Computeranalysen ergaben außerdem, dass er ein schlechter Schwimmer war und Mühe gehabt hätte zu tauchen. *Spinosaurus* war vermutlich auch kein wählerischer Esser. Wahrscheinlich fraß er neben Fischen auch eine Reihe kleinerer Beutetiere, wie Babydinosaurier und Verwandte des Krokodils. Wie du dir vorstellen kannst, muss er große Mengen gefressen haben – ein so großes Tier hatte sicher einen riesigen Appetit!

TYRANNOSAURUS REX GEGEN TRICERATOPS

Großer Beißer trifft stachligen Charakter

Kein anderer Dinosaurier ist so berühmt wie der „König der Tyrannenechsen" oder *Tyrannosaurus rex*. Tyrann ist ein anderes Wort für einen Gewaltherrscher, und dieser Monsterdinosaurier war genau das. Er konnte so ziemlich jeden herumschubsen. Wenn es darum ging, einen tödlichen Biss auszuführen, war *T. rex* der größte Meister aller Zeiten. Rekonstruktionen seines Kiefers, seines Schädels und seiner Muskeln zeigen, dass der Biss eines *T. rex* 70-mal kräftiger war als der eines Menschen. Diese Bisskraft wurde durch superstarke, bananenförmige Zähne kanalisiert, die darauf ausgelegt waren, die Beute zu töten, indem sie sie zerquetschten. Dann stellte sich *T. rex* auf sein Opfer und riss mit seinem krallenbesetzten Fuß einen Brocken Fleisch heraus.

Tyrannosaurus rex lebte in den letzten Tagen der Nichtvogeldinosaurier und war offenbar gut daran angepasst, große Beutetiere zu erlegen. Aber große Beutetiere sind gefährliche Ziele, und ein Dinosaurier, der zurückschlug, war *Triceratops*. Dieser massige Pflanzenfresser mit den drei Hörnern hatte ein Nackenschild, das von der Hinterseite seines Schädels aufragte. Beim Anblick dieses eindrucksvollen Kopfschmucks überlegten wahrscheinlich viele Räuber (auch ein vorbeikommender *T. rex*) zweimal, ob sie *Triceratops* angreifen sollten. Der Schild schützte den Hals vor Bissen – dem Signature-Move des *T. rex* –, und mit seinen meterlangen Hörnern konnte *Triceratops* dem Angreifer einen ordentlichen Stoß versetzen. Einige versteinerte *Triceratops*-Schädel weisen Spuren von einem Kampf mit *T. rex* auf. Eins der Tiere verlor dabei sogar ein Stück seines Horns. Wenn ein *Triceratops* den Angriff eines so brutalen Raubdinos überleben konnte, dann um genau diese Geschichte zu erzählen!

VELOCIRAPTOR

Ein schneller Räuber

Velociraptor war ein schneller Jäger, der sich auf zwei Beinen fortbewegte. Wahrscheinlich arbeitete er auch mit Heimtücke und Gerissenheit, um seine Beute in die Enge zu treiben. *Velociraptor* war nur etwa so groß wie eine Gans, mit der er wahrscheinlich auch äußerlich Ähnlichkeit hatte – mal abgesehen von seinem langen, steifen Schwanz. Schließlich haben sich die modernen Vögel aus Cousins von *Velociraptor* entwickelt, außerdem war dieser kleine Raubdinosaurier vom Kopf bis zu den Knien mit Federn bedeckt.

Velociraptor war ein guter Räuber. Untersuchungen seines Gehirns deuten darauf hin, dass er mit seinen Augen bewegliche Ziele aufspürte und kleine, flinke Beutetiere ins Visier nahm. Die geflügelten Arme von *Velociraptor* sind ein weiterer Beleg für seine enge Verwandtschaft mit den Vögeln: Die Knochen seines Handgelenks ermöglichten es diesem kleinen Jäger, die Arme nach oben zu klappen, um seine langen Armfedern zu schützen, wie es auch heutige Vögel tun. Die Hände waren mit kurzen, gebogenen Krallen bestückt, mit denen er seine Opfer wahrscheinlich auf den Boden drückte. Sein wichtigstes Jagdwerkzeug aber waren seine schwer bewaffneten Füße. Am zweiten Zeh hatte er eine lange, gebogene Kralle, mit der er sich über dem Boden halten konnte. Man nimmt an, dass er diese Krallen nutzte, um seine Beute an den Boden zu nageln. Dann beugte sich *Velociraptor* vermutlich zu seinem Opfer hinunter und begann, es bei lebendigem Leib zu fressen. Genauso gehen heutige Adler vor, wenn sie ihre Beute fangen und töten. Was funktioniert, funktioniert!

WAS TÖTETE DIE DINOSAURIER?

Vor etwa 66 Millionen Jahren fielen sämtliche Dinosaurier mit Ausnahme der Vögel einem Massenaussterben zum Opfer. Das Zeitalter der Dinosaurier war vorbei, aber nicht nur sie waren von dem Aussterben betroffen. Viele große Meeresreptilien, einschließlich der Plesiosaurier, wurden ausgelöscht, ebenso die Ammoniten, eine Gruppe von tintenfischähnlichen Wesen, die in spiralförmigen Gehäusen lebten. Auch die fliegenden Pterosaurier waren nicht in der Lage, das Ereignis zu überleben. Selbst einige Arten, die zu den Überlebenden zählten, mussten schwere Schläge hinnehmen, denn das Massenaussterben betraf auch Fische, Echsen und Vögel. Etwa drei von vier Arten auf der Erde verschwanden. Das Massenaussterben markierte das Ende der Kreidezeit und den Beginn des Paläogen. Aber wie kam überhaupt es dazu?

Die Katastrophe kam aus dem Weltraum. Ein riesiger Meteorit krachte an eine Stelle, wo heute einen Ort namens Chicxulub liegt, an der karibischen Küste von Mexiko. Das Gestein aus dem All war vermutlich mit 20 km pro Sekunde unterwegs (72.000 km/h) und traf die Erde mit solcher Wucht, dass ein 180 km breiter Krater entstand, dessen Umrisse noch heute zu sehen sind. Alles Leben in der unmittelbaren Umgebung wurde wahrscheinlich in Sekundenschnelle in Asche verwandelt. Staub und Gesteinsbrocken wurden in die Atmosphäre geschleudert – einige stammten von dem Meteoriten selbst, der bei dem

Aufprall verdampfte. Beim Wiedereintritt in die Erdatmosphäre heizten sich die herunterregnenden Gesteinsteile auf, verwandelten die Luft in einen Ofen und brachten das Leben auf dem Planeten zum Kochen. Waldbrände wüteten in Nordamerika und vielleicht auch andernorts auf der Welt. Dadurch gelangten Ruß und winzige Trümmerteile in die Atmosphäre und verfinsterten die Sonne. Da Pflanzen und Plankton zum Leben auf das Sonnenlicht angewiesen sind, führte dies zum Zusammenbruch der Nahrungsketten auf dem Land und im Meer.

Es kam noch schlimmer für die Erde. Durch den Einschlag in einem flachen Meeresgebiet verdampfte der Meteorit einen Meeresboden, der reich an Gips war, eine Gesteinsart, die viele schwefelartige Substanzen enthält. Diese Substanzen gelangten in die Atmosphäre, wo sie mehrere Jahre lang blieben und das Sonnenlicht blockierten, wodurch sich das Klima in den folgenden Jahrzehnten deutlich abkühlte. Derart dramatische Veränderungen in so kurzer Zeit machten es vielen Tieren und Pflanzen unmöglich, sich schnell genug anzupassen. Doch offenkundig konnten sich verschiedene kleinere Tiere, allerlei Säugetiere und Reptilien, in Erdlöcher verkriechen, wo sie vor dem schlimmsten Wetter geschützt waren. Bodenvögel pickten derweil in der von Asche bedeckten Erde nach Samen. Es war an der Zeit, dass andere Tiere die Herrschaft auf der Welt übernahmen.

NORD-
AMERIKA
EUROPA
ASIEN
AFRIKA
SÜD-
AMERIKA
AUSTRALIEN
ANTARKTIS

DIE HEUTIGE ZEIT

NACH DEN DINOSAURIERN

Nach dem Massenaussterben am Ende der Kreidezeit war die Welt bereit, von den Überlebenden erobert zu werden. Vögel und Säugetiere gediehen, und neue Pflanzen wie Gräser entwickelten sich. Auf warme Zeiten folgte eine Periode der Abkühlung, und die Eiszeiten stellten das Leben vor neue Herausforderungen. Eine Spezies sollte fortan jeden Winkel dieser Erde beherrschen – der Mensch.

TITANOBOA

Die größte Schlange aller Zeiten

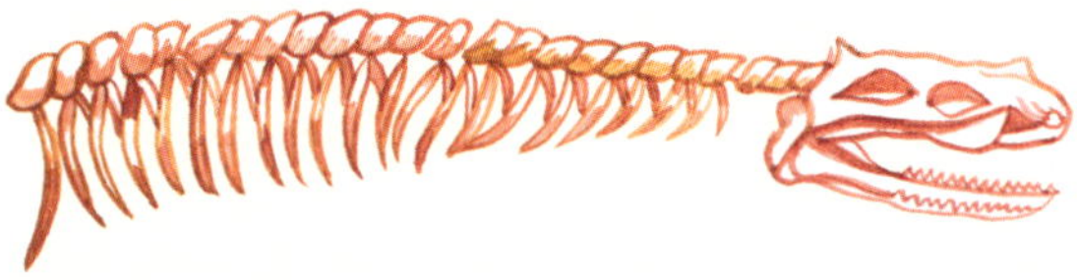

Nachdem die Dinosaurier und andere große Reptilien ausgestorben waren, konnten sich neue gigantische Tiere entwickeln. Eines der ersten, die diese Rolle ausfüllten, war *Titanoboa*, die vor rund 60 Millionen Jahren in den Feuchtgebieten und Urwäldern Mittelamerikas lebte. Sie war eine Verwandte der größten heute lebenden Schlange, der grünen Anakonda, die noch immer in diesem Teil der Welt beheimatet ist. Eine grüne Anakonda wird bis zu 5 m lang und wiegt ganze 100 kg. *Titanoboa* war mit 13 m mehr als doppelt so lang wie eine Anakonda – fast so lang wie eine Bowling-Bahn. Ihr Körper war in der Mitte 1 m dick, hätte also gerade so durch einen Hulahoop-Reifen gepasst. Eine Schlange dieser Größe muss mehr als 730 kg gewogen haben, manche schätzen ihr Gewicht sogar auf bis zu eine Tonne.

Titanoboa tötete ihre Opfer nicht mit Gift, auch wenn sie ein Maul voller Zähne hatte, die sie mit einem fiesen Biss in ihre Beute schlagen konnte, um diese festzuhalten. Sie war eine Würgeschlange, die ihre Beute umschlang, sie zu Tode quetschte und sie dann im Ganzen hinunterschlang, so wie es heutige Anakondas und andere große Schlangen tun. *Titanoboa* war der größte und kräftigste Räuber, den es damals gab, und sie fraß gerne große Mahlzeiten. Neben Fischen, Wasservögeln und Flussschildkröten erbeutete diese Monsterschlange wahrscheinlich auch Alligatoren und Kaimane. Diese Wasserreptilien gehören heute zu den zähesten Räubern, die es gibt, aber für *Titanoboa* wäre es ein Leichtes, sie im Kampf durch einfaches Umschlingen zu erwürgen.

ANDREWSARCHUS

Ein geheimnisvolles Säugetier

Lange Zeit stammte alles, was wir über dieses Säugetier wussten, von einem fossilen Fund in der Mongolei in den 1920er Jahren. Damals entdeckte Kan Chuen Pao, der junge Assistent eines Paläontologen, am zweiten Tag ihrer Expedition „den prächtigen Schädel eines gigantischen Wesens". Mit seinen 85 cm Länge, den wuchtigen Eckzähnen und viel Raum für die Schließmuskeln des Kiefergelenks hielt man es für das größte fleischfressende Säugetier der Welt, das vor etwa 43 Millionen Jahren seine Beute zerfetzte. Doch aufgrund neuerer Forschungsergebnisse müssen wir heute alles hinterfragen, was wir über diese Kreatur zu wissen glaubten.

Jüngste Untersuchungen ordnen *Andrewsarchus* stattdessen den Paarhufern zu, einer Gruppe behufter Säugetiere. Das bedeutet, dass *Andrewsarchus* eigentlich ein naher Verwandter des Nilpferds und – überraschenderweise – der Wale ist! Während *Andrewsarchus* über große Teile des 20. Jahrhunderts als weltgrößtes fleischfressendes Säugetier galt, sind sich heutige Expert*innen dessen nicht mehr so sicher. Das Tier ernährte sich vermutlich von einer Kombination aus Pflanzen und kleinen Tieren, aber gelöst ist dieses Rätsel noch lange nicht. Der Schädel aus den 1920er Jahren ist schließlich noch immer das einzige Fossil, das je von *Andrewsarchus* entdeckt wurde. Wenn weitere Teile seines Skeletts gefunden würden, wüssten wir sehr viel mehr. Das macht die Paläontologie so spannend – es gibt noch immer so viel zu entdecken. Der nächste große Durchbruch gelingt vielleicht jemandem, der jetzt gerade genau dieses Buch liest!

BRONTORNIS

Der Donnervogel

Die ersten Fossilien dieses gigantischen argentinischen Vogels wurden 1891 entdeckt. Mehr als 130 Jahre danach ist noch immer unklar, ob und wie er mit anderen Vögeln verwandt ist. Lange Zeit wurde *Brontornis* der Gruppe der sogenannten „Terrorvögel" zugerechnet, riesigen, an Land lebenden Räubern mit breiten Schädeln und gebogenen Schnäbeln. Neuere Untersuchungen deuten jedoch darauf hin, dass er näher mit Enten und Hühnern verwandt sein könnte. Mit rund 2,80 m Größe – das ist etwa halb so groß wie eine Giraffe – und einem Gewicht von 350–400 kg war *Brontornis* einer der größten Vögel, die die Evolution je hervorgebracht hat. Das Fliegen tauschte er gegen ein landbasiertes Leben als Laufvogel ein. Mit seinen massiven Beinen, einer Anpassung, mit der er in der Lage war, sein großes Gewicht zu tragen, spazierte er vor rund 15 Millionen Jahren gemächlichen Schrittes durch die offenen Ebenen Patagoniens.

Die Ungewissheit über *Brontornis*' Verwandtschaft mit anderen Vögeln hat auch zu unterschiedlichen Vorstellungen über seine Ernährungsgewohnheiten geführt. Eine Klärung dieser Fragen ist aufgrund der lückenhaften fossilen Funde zu diesem faszinierenden Tier schwer möglich. Die ursprüngliche Annahme, er sei mit den „Terrorvögeln" verwandt, ließ frühe Wissenschaftler*innen vermuten, *Brontornis* sei ein Fleischfresser. Neuere Forschungen haben allerdings gezeigt, dass die gefundenen Fragmente seines Kiefers zum Zerreißen von Fleisch nicht wirklich geeignet waren. Außerdem waren seine Fußkrallen nicht, wie bei fleischfressenden Vögeln üblich, hakenförmig gebogen. Es könnte sich daher um einen Pflanzenfresser gehandelt haben, der große Mengen pflanzlichen Materials verschlang, um seine enorme Masse zu erhalten.

DAS HEUTIGE LEBEN

Als die Dinosaurier ausstarben, begann ein neuer Wettstreit um die Herrschaft über die Welt. Heute sehen wir, wer daraus als Gewinner hervorgegangen ist. Als die Kreidezeit ins Paläogen überging, gab es im Pflanzenreich blühende Pflanzen. Im Zeitalter der Dinosaurier dagegen hatten sich kaum Blüten und Früchte entwickelt. Eine Frucht ist die Hülle, die die Samen einer Pflanze umschließt. Ihre Aufgabe besteht darin, die Samen an einen geeigneten Ort zu bringen, wo sie zu neuen Pflanzen heranwachsen können. Bei einer solchen Hülle kann es sich also um eine Struktur handeln, die vom Wind fortgeweht oder von Flüssen weggetrieben wird. Es kann sich aber auch um ein leckeres Häppchen für ein Tier handeln, das die Samen später wieder ausscheidet.

Viele Tiere wetteiferten darum, diese neuen Nahrungsformen zu nutzen, und die Evolution explodierte regelrecht. Nachdem die Dinosaurier verschwunden waren, übernahm eine neue Gruppe von Vögeln. Aus ihnen entwickelten sich 95 % der heute lebenden 10.000 Vogelarten. Zu ihnen gehören Singvögel, Kolibris, Tauben und Papageien, die alle einen Weg gefunden haben, sich von Samen, Früchten, Nektar und Insekten zu ernähren.

Um fliegen zu können, müssen Vögel leicht und wendig sein. Viele mussten daher Größe und Stärke opfern. Einige wenige Arten gaben das Fliegen auf und entschieden sich für ein Leben auf dem Boden. Die Reptilien machten es genauso. Da sie für eine pflanzliche Ernährung schlechter geeignet waren, entwickelten sich einige von ihnen zu großen, wilden Fleischfressern. Nur im Wasser haben die Reptilien bis heute ihre Führungsposition bewahrt. Das größte Reptil unserer heutigen Zeit ist das Salzwasserkrokodil.

Heute gibt es auf der Erde 10.000 Reptilienarten, also ebenso viele wie Vögel, aber nur 5.400 Säugetiere. Dennoch leben wir im Zeitalter der Säugetiere. Die Vielfalt der Säugetiere wird immer größer und kann es leicht mit der der Dinosaurier, Pterosaurier und Meeresreptilien vergangener Zeiten aufnehmen. Als die Tage dieser frühen Reptilien zu Ende gingen, waren Säugetiere kleine Insektenjäger und Aasfresser, wie die heutigen Ratten und Spitzmäuse. Vor 20 Millionen Jahren hatten sie sich erstaunlich stark diversifiziert: Es gab fliegende Fledermäuse, Wale, die stundenlang unter Wasser tauchten, Eisbären, die auf dem Eis jagten und Maulwürfe, die fast ihr gesamtes Leben damit verbrachten, unterirdische Gänge zu graben. Und natürlich sind auch wir Menschen Säugetiere. Säugetiere, die so klug sind, dass sie eine längst verschwundene Welt entdecken konnten, in der gigantische Reptilien die Welt beherrschten. Wir nannten sie Dinosaurier.

GLOSSAR

Allesfresser
Ein Tier, das sowohl Pflanzen als auch andere Tiere frisst.

Amphibie
Eine Klasse von kaltblütigen Wirbeltieren, die zunächst ein Larvenstadium im Wasser durchlaufen, bevor sie ihre Gestalt verändern und ihre erwachsene Form erhalten, welche in der Regel an Land lebt: Frösche, Kröten, Molche, Salamander oder Schleichenlurche.

Äquator
Eine gedachte Linie um die Erde, die im gleichen Abstand von Nordpol und Südpol verläuft und den Planeten in eine nördliche und eine südliche Hemisphäre (Halbkugel) teilt.

Balzverhalten
Ein ritualisiertes Verhalten, das ein Tier in die Lage versetzt, mit anderen Tieren (für gewöhnlich Angehörigen der gleichen Art) zu kommunizieren. Das kann auf visuelle Art geschehen, wie bei einem Pfau, der sein Federkleid präsentiert, oder durch akustische Signale, zum Beispiel einen bestimmten Ruf.

Beute
Ein Tier, das von einem anderen Tier zu Nahrungszwecken gefangen und getötet wird.

Embryo
Ein ungeborener oder nicht geschlüpfter Nachfahr, der gerade heranwächst.

Evolution
Der Prozess, durch den sich verschiedene Arten von lebenden Organismen im Laufe der Erdgeschichte aus früheren Formen entwickeln.

Exemplar
Ein einzelnes Tier, eine einzelne Pflanze, ein einzelnes Gesteinsstück etc., das als Beispiel seiner Art für wissenschaftliche Forschung oder zu Ausstellungszwecken verwendet wird.

Fleischfresser
Ein Tier, das andere Tiere frisst.

Fossilien
Die Überreste oder Spuren von Pflanzen und Tieren, die vor langer Zeit gelebt haben.

Fragment
Ein kleines Teil, das von etwas Größerem abgebrochen ist oder abgetrennt wurde.

Geologie
Die Wissenschaft, die sich mit der physischen Struktur und Substanz der Erde, ihrer Geschichte und den Prozessen, die auf sie einwirken, beschäftigt.

Nachfahr
Menschen, Pflanzen oder Tiere, die mit einem bestimmten Vorfahren verwandt sind. Du bist zum Beispiel ein Nachfahr deiner Eltern, Großeltern und Urgroßeltern.

Nichtvogeldinosaurier
Alle Dinosaurierarten, die keine direkten Vorfahren der heutigen Vögel sind.

Organismus
Ein einzelnes Tier, eine einzelne Pflanze oder einzellige Lebensform.

Paläontologie
Die Wissenschaft der versteinerten Tiere und Pflanzen.

Partikel
Die kleinsten bekannten Bausteine der Materie.

Pflanzenfresser
Ein Tier, das sich nur von Pflanzen ernährt.

Plesiosaurier
Ein großes fossiles Meeresreptil mit breitem flachem Körper, großen paddelartigen Gliedmaßen, einem langen biegsamen Hals und einem kleinen Kopf.

Prähistorisch
Der Ausdruck bezieht sich auf eine Zeit, von der nichts Schriftliches überliefert ist.

Pterosaurier
Ein ausgestorbenes Flugreptil mit dünnen Flügeln, die von einem stark verlängerten vierten Finger gehalten werden.

Räuber
Ein Tier, dass von Natur aus andere Tiere fängt und tötet, um sich von ihnen zu ernähren.

Reptil
Eine Klasse von kaltblütigen Wirbeltieren, die sich durch trockene, schuppige Haut auszeichnen und üblicherweise an Land Eier mit weichen Schalen legen: Schlangen, Eidechsen, Krokodile und Schildkröten.

Säugetier
Eine Klasse von warmblütigen Wirbeltieren, die sich durch bestimmte Merkmale auszeichnen: Sie haben Haare oder Fell, die Weibchen bringen lebendige Junge zur Welt, und sie produzieren Milch, mit der sie diese Jungen ernähren.

Sauropode
Ein sehr großer vierbeiniger pflanzenfressender Dinosaurier mit langem Hals und langem Schwanz, kleinem Kopf und massigen Beinen.

Schub
Die Kraft, die in eine bestimmte Richtung wirkt.

Tetrapode
Ein Mitglied einer Gruppe von Wirbeltieren, die vier Gliedmaßen ausgebildet haben; Fische zählen nicht dazu.

Theropode
Mitglied einer Gruppe von fleischfressenden Dinosauriern, die sich auf zwei Beinen fortbewegten und von kleinen, zartgebauten bis zu sehr großen Tieren reichten.

verdampfen
In Gas oder Staub umwandeln oder umgewandelt werden.

Vorfahr
Ein Verwandter einer Person, einer Pflanze oder eines Tieres, der vor langer Zeit gelebt hat.

Winterschlaf
Der Tiefschlaf ähnliche Zustand, in dem ein Tier oder eine Pflanze den Winter verbringt.

Für Ruby und Finn.
T.J.

Für meinen kleinen Bruder
Adam und für Bia & Ernie.
B.B.

Für meine Mum Eileen
und für Tove & Kit.
L.C.